얼마나 그리웠으면

얼마나 그리웠으면

최원현 수필집

| 머리말

그리움이라는 이름으로

　글을 쓴다는 것은 결국 '그리움'을 견디는 일인지도 모릅니다. 다시 돌아갈 수 없는 시간, 다가갈 수 없는 사람, 다 표현할 수 없는 감정들을 문장 하나하나에 담으며 살아가는 것이 내게는 문학이었습니다. 그리고 그 긴 여정 끝에서 글을 통해 나를 보았습니다. 이번에 또 이렇게 수필집 『얼마나 그리웠으면』을 내어놓게 되면서 참 많은 생각을 하게 됩니다.

　수필과 인연을 맺은 글쓰기 40년, 그동안 내 이름으로 나온 책만도 24권이나 됩니다. 두 해에 하나꼴이 넘는 셈인데 숫자로 본다면 비교적 열정적으로 살아온 것 같습니다. 하지만 내 솔직한 심정은 자랑스러움이나 대견함, 뿌듯함 같은 것이 아니라 부끄러워 숨고 싶습니다. 심지어 그동안 여기저기 보낸 책들을 거둬들이고 싶은 심정도 있습니다.

과연 이걸 통해 나는 무엇을 했다는 것인가. 우리나라 출판 현실이란 게 수필집은 대부분이 자비출판입니다. 발간비만 해도 얼추 1억 원이 들었다는 계산이 나옵니다. 취미생활 비용으로 쳐도 과하다 아니 할 수 없습니다. 그런데 그렇게 수많은 나무를 베어낸 것인데 그것이 우리의 문학 마당에 얼마큼이나 도움이 되었는지도 알 수 없습니다. 그저 독자에게 아직 내가 글을 쓰고 있다는 것을 알리는 정도만이라면 과연 이런 짓을 계속해야 할까도 의문이 들었습니다.

수필을 쓴다는 수필가들의 수필집은 웬만해선 안 팔립니다. 내 경우는 그래도 몇 번의 창작지원금을 받았고, 세종도서 등 우수도서로 선정된 것도 몇 권 있으니 출간된 책이 공공도서관에 꽂히게 된 것만도 감지덕지해야 할까요? 서점에서 제대로 팔리는 수필집들은 수필가들의 수필집이 아니라 대중에게 비교적 많이 알려진 연예인이나 타 장르의 유명한 작가가 낸 책들이 수필집이란 이름으로 베스트셀러의 자리를 지키고 있습니다.

나를 비롯한 수필가들의 수필집이 독자들의 선택을 받지 못하는 면에서 많이 부끄럽고 자책이 아니 될 수 없습니다. 왜일까. 그 많은 세월을 수필과 함께했는데도 여전히 독자의 마음도 눈높이도 못 맞추고 입맛도 잡아내지 못하고 있다는 말입니다. 그럼에도 다시 책을 내는 것은 독자와의 무언의 약속 때문입니다. 수필가란 이름을 달았으면 누가 뭐라고 해도 독자에게 내 글을 내놓아야 하기 때문입니다. 평가는 그들 몫이고, 그들의 선택을 못 받는 것은 내 몫입니다. 어쨌든 수필집이란 이름으로 누군가의 책은 팔립니다. 문제는 나에게 있다는 말이기도 합니다.

21세기는 수필의 시대라고 공공연하게들 말합니다. 한데 다른 장르의 문인들이 오히려 그것을 즐깁니다. 정작 수필가만 그렇지 못하고 있다는 이 아이러니. 좀 더, 더욱, 아주 많이 분발하여야겠습니다. 수필을 위하여. 독자를 위하여. 수필 작가인 나 스스로를 위하여서도.

나는 늘 '일상'과 '사람'의 틈에서 글감을 찾습니다. 특별한 사건이 아니더라도, 누군가의 말 한마디, 골목 어귀의 나무 한 그루, 내 서재의 창으로 들어오던 저녁노을 한 줌이 저에게는 깊은 감정의 파문을 일으켰고, 때론 오래도록 마음을 적셔놓았습니다. 글을 쓰는 일은 바로 그런 순간들을 놓치지 않고 붙드는 작업이었습니다.

수필은 결국 내 삶의 껍질을 벗기는 문학입니다. 꾸미지 않고, 감추지 않고, 있는 그대로의 나를 내어 보이는 용기를 필요로 합니다. 약한 모습, 부끄러운 모습도 내 모습이기 때문입니다. 그래서 수필은 부끄럽고도 간절한 그래서 진실한 문학 장르입니다. 저는 수필을 통해 나 자신을 투명하게 비춰보았고, 그 속에서 사람과 세상에 대한 이해, 때로는 사랑을 깨닫고 배웠습니다.

삶을 살다 보면 이유 없이 마음이 내려앉는 날들도 있습니다. 문득 누군가가 보고 싶고, 어떤 시간이 그리워지고, 잊은 줄 알았던 마음 한 자락이 되살아나는 날들 말입니다. 그렇게 오랜 시간 마음속에 쌓여 있던 그리움의 조각들을 모은 글입니다. 어떤 것은 사람에 대한 것이고, 어떤 것은 장소, 어떤 것은 지나간 시간, 혹은 한때 스쳐 갔던 말 한마디에 대한 것이기도 합니다. 그리움은 때로 우리를 아프게 하지만, 되돌아보면 삶을 가장 따뜻하게 하는 감정이기도 합니다.

이 수필집은 삶의 한 켠에서 조용히 숨 쉬는 제 마음의 결들을 담고 있습니다. 슬픔보다는 따뜻함으로, 미안함보다는 고마움으로, 후회보다는 사랑으로 기억되기를 바라는 마음으로 비록 늘 청탁에 쫓겨 쓴 글들이지만 그래도 조용히 제 마음을 들여다보며 썼던 글들입니다. 그러니 내 문학 여정 속에서 비교적 오래 머문 정서 '그리움'들이 모인 글이라 할 수 있겠습니다.

1부 '그리움의 간격'에서는 일상 속 그리움의 스펙트럼을 담았습니다. 가벼운 회한부터 깊은 애틋함까지, 삶 속에 스며든 다양한 결의 감정들입니다.

2부 '아늑한 그리움'에서는 사람과의 관계, 이별, 고마움, 그리고 사랑의 흔적을 따라가 봅니다.

3부 '통한다는 것'은 제목 그대로, 지극히 그리운 이들을 향한 마음의 통함입니다. 고인과 선생님들, 문우들에 대한 회고들이 담겨 있습니다.

그리고 마지막 4부 '마음 맑히기'는 삶을 조금 더 맑게 살아가고자 애써온 내 나름의 자세와 태도를 담은 단상들입니다.

나는 글을 통해 슬픔을 다독이고, 기쁨을 나누며, 세상을 더 천천히 찬찬히 바라보는 연습을 해왔습니다. 그리고 글을 쓰는 자로서, 독자에게 위로와 사유의 공간을 내어드리는 것도 가장 큰 보람이라 생각했습니다.

『얼마나 그리웠으면』이라는 이 한 문장은, 제 안의 오래된 슬픔이자 동시에 깊은 감사의 표현입니다.

읽는 분들의 삶 어딘가에도 이 문장이 닿기를, 그리고 이 수필들이 누군가의 잊고 지낸 마음 하나를 다시 꺼내보게 하는 작은 불씨가 되기를 바랍니다.

끝으로, 이 수필집이 나오기까지 마음을 모아주신 모든 분들께 고마움을 전하며, 아직도 마음속 어딘가에서 아늑하게 그리운 이를 찾고 있는 분들께 이 책을 바칩니다.

2025년 여름

도현재에서 김샘 최원현

차례

머리말 4
그리움이란 이름으로

chapter 1.
그리움의 간격

그리움, 그리움·그리움 17
그리움의 맛 22
그리움의 간격 29
우리를 슬프게 하는 것들 36
미안해보단 고마워 42
조금의 차이 47
부여, 그 아늑한 그리움의 나라 54
내가 사랑하는 생활 58
거대한 상남 나무의 그늘 아래서 63
안과 밖 68

chapter 2.
아늑한 그리움

그 소리　75

미안해요 아니 고마워요　79

어떤 마지막 인사　84

아름다운 사랑의 빚　89

장례식장 신혼여행　93

내게 쓰는 유언장　100

좋게 기억하기　105

노을처럼 떠나신 만년 청춘 수필가 이숙 선생　110

chapter 3.

통한다는 것

어떤 눈물 117
통한다는 것 122
놓친 열차는 아름다울 수 없다 128
그날 그 맛 132
어떤 소리에 대하여 137
나의 연필 사랑 148
수필문학 큰 선생님 154
얼마나 그리웠으면 158
영원한 동심 채봉(丁埰琫) 형을 그리며 164
한국 수필문단을 만드신 월당 조경희 선생 168

chapter **4.**
마음 맑히기

고른다는 것   179
당당한 당돌함   184
마음 맑히기   191
끝내다   197
빠지다   200
슬픔의 색깔   204
어떤 서정(抒情)   211
서로 기대어   216
같이 산다는 것   222
우리 시대의 시작인가 끝인가   229

chapter 1.

그리움의 간격

그리움, 그리움 · 그리움
그리움의 맛
그리움의 간격
우리를 슬프게 하는 것들
미안해보단 고마워
조금의 차이
부여, 그 아늑한 그리움의 나라
내가 사랑하는 생활
거대한 상남 나무의 그늘 아래서
안과 밖

그리움, 그리움 · 그리움

―나는 무엇으로 사는가

    시집 두 권을 한꺼번에 받았다. 제목의 느낌이 좋아 책을 바로 펼쳤는데 머리말을 읽다가 가슴이 먹먹해지고 말았다. 먹먹해진다는 것은 막막함과는 다르다. 내 경우엔 심장이 멎진 않았어도 멎을 만큼까지 간 상태다. 감당할 수 없는, 받아들이기조차 버거운 가슴 벅찬 일을 당했을 때 막막함이 아닌 이런 먹먹함과 만난다.
    시인의 머리말에서 왜 그런 충격을 받은 것일까. '내가 네 살 때, 어느 날', 그 '네 살'과 '어느 날'에 내 튀어나온 '왜?'와 '아!'의 생각이 '억울하게'란 말과 만나면서 그리된 것 같다. 아버지는 여느 날처럼 지프차를 타고 출근을 했는데 그 아버지가 여객선 침몰 사고로 '억울하게' 세상을 뜨고 만 것이다. 갑자기 아버지를 잃어버린 억울하기 그지없는 네 살짜리의 마음이 어땠겠는가. 그래선지 시인의 귀엔 지금도 그 아버지가 밤늦게 돌아오실 때 나무 계단을 저벅저벅 오르던 발걸음 소리가 쟁쟁하다고 했다. 그런데 그 아버지의 억울한 죽음도, 밝혀내지 못한 침몰의 진실도 아직까지 바닷속에 잠겨만 있다니 그 답답함이 오죽하겠는가. 그렇게 어처구니없이 홀연히 가버린 아버지에 대한 허망한 그리움이 70년이 넘는 세월이 지났는데도 그를 여전히 못 견디게 하고 있는 것이다.

나도 그랬다. 돌 달에 돌아가신 아버지, 세 살 때 가신 어머니, 누구를 원망할 수도, 원망할 일도, 원망해 봐야 아무 소용도 없는, 명命이 그밖에 되지 않아 가버린 분들이라지만 남겨진 나는 그럼 뭐란 말인가. 있어 줘야 할 사람들이 없어져 버려서 남겨진 자가 되어 당해야 하는 절망과 슬픔과 고통은 오로지 남겨진 자의 몫인데 그건 가혹한 형벌일 수 있다. 그러고 보면 세월이 가도 희미해지거나 옅어지지 않는 것이 있다면 그건 그리움일 것이다. 뒤늦게라도 시인은 그렇게 가버린 아버지에 대하여 '일출보다도 큰 사랑'을 느꼈다고 했지만 난 누구에게도 말 못 할 구멍 난 가슴을 바람의 통로로 내어주며 살았다. 뻥 뚫린 내 가슴은 무엇으로도 메꿀 수가 없었다. 하기야 그때엔 나보다 더 불쌍한 사람도 많았고 더러는 차라리 아버지 없는 것이 더 낫다는 아픈 삶을 사는 이도 있었지만 미련 맞게도 나는 내 뻥 뚫린 것 같은 가슴만을 허구한 날 내 작은 손으로 막아보는 연습을 하면서 홀로 늘 추운 계절을 살곤 했다. 그런데 나 역시 시인처럼 70년을 살고 보니 그것 또한 삶의 힘이었었구나 하고 느껴진 것이다. 그리움, 그리움이란 건 묘하게 큰 힘을 가진 존재였다. 형체도 냄새도 없는 것인데도 때로는 막강한 힘을 발휘하여 사람을 울리기도 하고 코를 시큰대게도 하면서 반 미친 지경까지 이르게도 했다. 그렇게 보면 나를 버티게 한 것조차도 어쩌면 그 빌어먹을 그리움이지 않았나 싶기도 했다.

　그리움은 사랑보다는 옅은 색채로 느껴지면서도 여느 냄새보다도 독하고 강하게 후각과 미각을 동시에 자극하여 때론 졸도할 지경까지도 이르게 했다. 두 권의 시집을 보내온 J 시인은 그리움이 증발하여 소금이 되었고 그 소금이 마침내는 꿈을 꾸기 시작했다고 했다. 사실 내가 남겨진 나로 가버린 이를 원망처럼 그리워했다고 한다면 역으로 생각하면 나만 남겨두고 떠난 분은 떠날 수 없는 길을 떠날 수밖에 없는 아품 슬픔 안타까움으로 남겨진 나의 그리움보다 훨씬 더 아프고 크고 쓰렸을 것이란 생각이 들었다. 바닷물이 소금이 되기까지의 절절한 햇빛 달굼의 시간과 바람의 회유 그리고 증발하는 수분의 외침까지 합해져 새로운 삶의 한 정형으로 그렇게 압축된 것이라고나 할까. 그렇고 보면 나는 분명 그리움으로 아니 그리움 때문에 살았던 것이 맞다. 그러면 앞으로는 또 무엇으로 어떻게 살 것인가. 그도 또한 '그리움·그리움'이라고 말할 수밖에 없지 않을까.

모든 삶은 순간이다. 순간은 현재인 것 같지만 이미 과거 속 현재다. 생각하는 순간도 과거가 되기 때문이다. 그러니 지나간 것이 그립고 다가올 것도 그리운 것일 수밖에 없다. 과거의 그리움, 현재의 그리움, 미래의 그리움으로 사는 게 사람일 거란 생각이다. 왜냐하면 미래에도 현재와 같은 과거 속 그리움에서 벗어나지 못할 것 같기 때문이다. 그리움은 보고 싶어 애가 타는 마음이니 그게 없다면 살아갈 맛도 잃어버릴 것 아닌가. 보고 싶어 애타는 그리움일 때의 마음은 그래서 명사이기보다 동사다. 머물지 못하고 움직이기 때문이다. 나태주 시인은 가지 말라는데 가고 싶은 길, 만나지 말자면서 만나고 싶은 사람, 하지 말라면 더욱 해보고 싶은 일,

그것이 인생이고 그리움인 바로 너라고 했다. 하니 어떻게 해 볼 수 없는 상태가 그리움이 아닌가. 그래서 그게 또 행복이라고 했다. 그렇다면 우리가 추구하는 행복이라는 것도 결국 그리움인 셈이다.

한겨울의 햇볕 속에서 가만히 지나온 날들을 돌아본다. 생각하고 싶지 않은 일도 있고 떠올리기만 해도 너무 가슴이 아려 아픔을 참아내기 어려운 일도 있다. 한데 그것들도 내 삶이었고 삶을 살게 하는 힘이었고 지나버린 지금엔 하나같이 그리움이 되니 슬프고 아프고 고통스러운 것이라도 지나면 이리 다 되는 것 같다. 내 남은 삶의 날들 또한 거기서 크게 벗어나진 못하리란 생각이다.

아픈 그리움을 생각하며 오늘을 참아내고, 슬픈 그리움을 생각하며 더 슬픈 일도 이겨내며, 견디기 어려운 일을 만나면 전에도 다 이겨내지 않았느냐고 위로하고 격려하며 살 것이기 때문이다.

오늘따라 거실 깊숙이까지 들어온 겨울 햇살이 그렇지 않느냐고 동의를 재촉하고 있다. 사람이기 때문에, 사람이어서, 그리움으로 사는 것 아닐까. 나는 그렇게 그리움으로 그리움 속에서 살아왔고 앞으로도 또한 그 그리움으로 살아갈 것 같다.

계간 『현대수필』 2022년 겨울호

그리움의 맛

　아침부터 눈발이 날린다. 겨울 날씨란 이래서 종잡을 수가 없다. 날리는 눈발을 맞다 보니 뜬금없이 떠오르는 것이 있다. 딱 이럴 때 먹으면 좋은 것, 어쩌면 그리움의 먹을거리다. 그리고 보니 마침 오늘은 그곳으로 간다. 아, 보인다. 벌써 입맛부터 다셔진다. 아직 시작도 안 했지만 이내 그의 손에선 수많은 붕어들이 올라올 것이다.
　어김없이 그는 원형의 틀을 열심히 돌리며 기름을 치며 닦고 있었다. 오늘은 영하 10도에 체감온도는 더 떨어진다니 그의 손이 더 바빠질 것 같다. 언제나 같은 황토색 털모자에 회색 귀마개를 하고 나와 하루 장사를 준비하고 있었다. 내가 강의를 마치고 나올 때쯤이면 사람들이 줄을 서 있거나 빵틀에서 연신 붕어들이 올라와 사열하듯 정렬해 있을 것이다.

일주일에 한 번씩 그와 만난다. 오고 가는 길에서 보는 것이니 두 번이라는 것이 정확할 것 같다. 그는 내가 좋아하는 붕어빵 장수다. 천 원에 네 마리, 네 마리에 천 원인 붕어빵을 찍어낸다. 찍어낸다는 것은 똑같은 모양의 붕어를 마구 생산해 낸다는 내 나름의 표현이지만 그의 쉴 새 없이 움직이는 규칙적인 행동을 보면서 어린 날 국화빵틀 앞에서 침을 삼키며 기다리던 그 순간으로 돌아간 착각을 하는지도 모른다.

아저씨의 손을 거친 붕어빵은 참으로 맛이 있다. 노릇노릇 적당히 탄 것 같은 붕어에서 김이 모락모락 올라오는 것을 호호 불며 입에 베물면 깜짝 놀랄 뜨거움에 입이 얼얼하다가도 달큰한 단팥 맛이 혀끝을 자극하면 그 뜨거움도 잊은 채 목 안으로 끌어들이곤 한다.

오늘도 강의를 끝내고 전철로 향하면서 또 발걸음을 멈추고 만다. 수강생들과 금방 점심을 먹고 차茶도 마신 뒤이건만 그냥 지나칠 수 없는 유혹에 나는 또 지고 만다. 돈통에 천 원짜리 지폐를 넣고 봉투를 펼쳐 집게로 붕어를 담으면서 오

그리움의 맛 23

늘은 궁금증을 연다.

"아저씨는 여기서 얼마나 하신 거예요?" 내 생뚱맞은 질문에 그는 내게 눈도 돌리지 않고 "20년이요." 한다. 20년, 그러면서 올해 자신의 나이가 일흔이라고도 덧붙인다. 전혀 그만큼 되어 보이지 않는다. 잘해야 60쯤으로 봤는데 그렇다면 쉰 살부터 일흔이 되기까지 20년을 이 자리에서 붕어빵을 구웠다는 얘기다. 하루에 못 팔아야 1,500개라고 했다. 대단하다. 6월부터 9월까지만 안 한다는데 1년에 여덟 달을 하루에 1,500개씩 붕어빵을 구웠다면 단순 계산으로도 1년이면 36만 개다. 그걸 20년이니 720만 개, 칠백이십만 마리를 구워낸 셈이다.

한 가지 일을 3년만 쉼 없이 해도 웬만하면 전문가가 된다고 하는데 이분은 가히 이 분야에 일가一家를 이룬 분, 대가大家, 고수高手, 장인匠人, 어떤 이름이 어울릴까.

가만히 그의 손동작을 훔쳐본다. 한 바퀴 돌려 틀을 열고 붕어빵을 꺼내 진열대 위에 올려놓은 후 그 자리에 기름칠을 하고 밀가루 반죽을 붓고 거기에 단팥을 넣은 후 다시 밀반죽을 부은 후 뚜껑을 덮어 뒤로 한 칸 이동하면 끝이었다. 당기고 열고 붓고 닫고 밀기를 아주 리드미컬하게 해내고 있었다. 단순해 보이는 동작 같지만 박자와 시간이 노련함 아니 숙련도에 오랫동안 해온 일에 대한 자신감의 여유로움으로도 나타나고 있었다.

내가 이런 붕어빵을 언제 처음으로 먹게 되었는지는 잘 모르겠다. 어린 날엔 국화빵을 풀빵이라 불렀었다. 입에 쏙 들어가는 크기의 빵 하나를 손에 들었을 때의 감촉 그리고 그 뜨거운 듯한 따스함에서 전해지던 맛에 대한 기대감, 그걸 입에 넣고 한 입 베어 물었을 때의 황홀한 맛의 느낌, 그게 풀빵의 맛이었다. 그런 풀빵의 시대가 지나고 조금 더 큰 모양의 둥근 빵으로 나왔고 그게 언제부턴가 붕어 모양의 빵이 되었지만 왜 하필 붕어 모양이 되었는가도 궁금한 것 중 하나다. 이내 붕어보다 큰 잉어빵이 나왔고 황금빛으로 잘 구워진 그걸 황금 잉어빵이라고도 했는데 한겨울 추운 손을 호호 불며 내리는 눈발을 바라보면서 빵을 먹는 맛은 결코 맛보지 않은 사람은 알 수 없는 맛이 아닐까 싶다.

석촌 호수 근처의 짜장면집에서 밀가루 반죽을 치대는 모습을 넋을 잃고 바라본 적이 있다. 밖으로 트인 유리창으로 보이는 그의 동작, 때리고 늘이고 합치고 늘이다 뽑아내는 동작은 가히 예술이었다. 그의 손가락 끝에서는 가늘고 긴 국수가락이 빛살처럼 갈라져 나왔다. 얼마나 힘이 들랴만 보기에는 전혀 힘들어 보이지 않는 그의 공연(?)을 바라보며 그 섬세함에 노련함에 정밀精密함에 찬탄을 금치 못했다.

그는 또 얼마나 오랫동안 저 일을 했을까. 얼마나 노력을 해서 저만큼의 고수高手가 되었을까. 자기 하는 일에 최선을 다하다 보면 다 저만큼의 고수는 되는 걸까. 많이 해본다고 다 잘하는 것은 아닐 것이다. 열심히 한다고 다 저만큼 해내는 것은 아닐 것이다. 세상에는 수없이 많은 일들이 있지만 어떤 일은 힘겨워 보여도 아름답고 어떤 일은 쉬워 보여도 아름답다.

내 삶을 돌아본다. 내 해온 일들도 돌아본다. 하지만 어느 것 하나도 내놓을 만한 것이 없다. 이것만은 누구도 따를 수 없을 것이라고 장담할 만한 것도 없다. 칠십 년을 넘긴 삶인데도 나는 아무런 고수도 못 되었다. 왜일까. 무엇 때문일까. 그렇다고 남들 일할 때 논 적도 없고 남들보다 해찰한 적도 없다.

글쓰기만 해도 그렇다. 사십 년을 수필을 쓴다 했지만 여전히 산 중턱에서 헤매고 있다. 그러고 보면 내 열심보다 재능의 문제일까. 하지만 다시 생각해 보면 똑같이 출발은 해도 우승자는 하나인 운동경기처럼 삶도 글쓰기도 다 그렇지 않을까 싶다. 그 일등이 세상을 움직이기보다 그렇지 못한 대다수가 오히려 세상의 중심을 이루는 것이 삶이 아닌가.

그렇게 스스로 위로를 해 봐도 아쉬움은 있다. 혹 내가 모르지만 붕어빵을 구워내는 저 아저씨의 자신감 넘치는 동작이나 짜장면 가락을 뽑던 고수의 황홀할 만한 손놀림처럼 내 삶에도 그런 황금기나 나만의 자랑스러움이 있었던 것은 아닐까. 아니다. 내겐 아무런 뛰어남도 특별함도 없는 평범함이 더 어울릴지 모른다. 앞에 나서기보다 뒤에서 힘을 보태며 응원하는 것, 그게 내겐 맞다. 그러고 보면 붕어빵 아저씨나 짜장면 고수를 부러워만 하는 자체도 나쁠 건 없겠다. 세상은 그렇게 균형과 조화를 통해 평화를 이루기도 할 테니까.

그럼에도 내게 무언가 꼭 있을 것 같은 아니 있어야 할 것 같은 아쉬움이 남는 건 무슨 심사일까. 봉투 속에서 아직도 모락모락 김이 나고 있는 붕어빵에 가만히 손을 대본다. 그 따스함이 어서 먹어봐 하는 것 같다. 60여 년 전 오늘같이 눈이 내리던 날 먹던 맛과 지금의 맛은 무엇이 다를까. 어떻든 고수의 맛을 빨리 맛보고 싶다. 분명 예나 지금이나 다름없는 그리움의 맛일 게다. 솔솔 스며드는 추억의 고소한 냄새와 혀끝에 감지되는 붕어빵의 맛 속에 나도 모르게 60년을 뛰어넘는 삶의 평화가 잔잔한 음악처럼 흐른다.

『비욘드 해피니스』 2024년 12월 15일

그리움의 간격

요즘만큼 간격에 민감한 때도 없을 것 같다. 간격은 관계이고 관계는 사랑인데 그걸 거리로 환산하며 강제로 통제하고 조정한다는 게 영 마땅치가 않다. 하지만 그런 간격이 사람의 생명과 직결된다니 더욱 예민해진다.

두 그루의 나무를 본다. 거대한 부채꼴 수형의 한 그루와 그보다는 작은 또 한 그루다. 나란히 멀지도 가깝지도 않게 떨어져 있는 거리가 마치 내 어린 날 할아버지와 할머니가 함께 외출하실 때의 거리 같다. 떨어져 있으나 함께임이 느껴지는 그러면서 서로의 경계를 존중하는 가장 가까운 거리라고나 할까. 하지만 다가가고 싶으나 그러지 못하는 안타까움은 늘 그리움이다.

　요즘이야 나이에 상관없이 나란히 가는 것이 일반이지만 옛날엔 그런 원칙이라도 있는 것처럼 남자는 한참 앞서고 여자는 얼마큼 떨어져 뒤따르곤 했다. 그런데 이상한 것은 그때의 어린 내 눈에도 거리감은 느껴지지 않았고 자연스러워 보였다. 떨어져서 가는데도 남남은 아닌 간격, 같이 가고 있는 게 분명해 보이는 그런 거리요 간격이었다. 조금 앞서가시던 하얀 두루마기에 연갈색 중절모를 쓰고 지팡이를 드신 할아버지의 모습은 지금 생각해도 멋져 보였다. 그 뒤를 자분자분 따르시던 할머니, 내가 동행하면 나는 그런 할머니와 할아버지 사이를 오가며 조잘대곤 했다. 당연히 그 간격만큼의 거리를 오가며 같이 가고 있음을 확인하면서 말이다.

　요즘 코로나로 제일 많이 듣고 말하는 게 거리요 간격이다. 2미터의 사회적 거리 두기를 해야 한다는 말은 귀에 아니 가슴에도 못이 박혔다. 음식점에라도 가면 자연스럽게 앉을 거리부터 가늠해 보게 된다. 한데 2미터라는 거리가 과연 서로를 안전하게 지켜줄 수 있는 거리가 될까. 자리 하나를 떼어놓았는데도 불안하고 칸막이를 했는데도 불안하기는 마찬가지다. 한 자리 건너 앉은 사람들의 소리가 마주한 내 상대의 목소리보다 크게 들리면 그건 더 신경이 쓰였다. 불순한 무언가가 그쪽에서 이쪽으로 막 날아드는 것만 같다. 사회적 거리라는 간격은 두 나무의 간격, 할아버지와 할머니 사이의 거리와는 전혀 다르게 느껴지고 작용했다.

어디선가 읽었는데 "어울린다는 것은 서로의 거리를 알아가는 것이요, 사랑한다는 것은 그 거리를 알고 지켜주는 것이요, 감동적이라는 것은 모든 거리를 허물어버리는 것"이라고 했다. 그만큼 거리는 환경과 상황을 만들거나 결정도 한다는 말인데 지금 우리의 이런 거리는 어울리는 거리도 사랑하는 거리도 감동적인 거리도 아닌 이상한 거리다. 하긴 가까이 있어야 꽃의 향을 제대로 맡을 수 있지만 아름답게 보이기는 좀 떨어져 있을 때이기도 하다. 하나만 있을 때보다 여럿이 어울려 있으면 더 아름다워 보이기도 하고 가까이서보단 멀리서 보아야 아름다운 것도 있다. 적당히 거리를 떼어야만 멋져 보이는 것도 있다. 그럼에도 인식적 물리적 심리적 거리가 있다지만 떨어져 있어도 가까운 사람이 있고 가까이 있는데도 멀게 느껴지는 것은 또 왜일까.

우연히 내 차 사이드미러의 문구가 눈에 들어왔다. "사물이 거울에 보이는 것보다 가까이 있습니다." 참 알 수 없는 일이다. 수많은 날 동안 거기 붙어 있었을 텐데 왜 지금에야 그게 보이고 읽히는 걸까. 그만큼 무심했다는, 관심이 없었다는 말이다. 그리고 보면 보인다는 것도 내가 관심을 가졌을 때에라야 가능한 것 아닌가. 먼 것을 거울이 가깝게 보여주었다는 것인데 '가까이 보아야 예쁘다. 네가 그렇다.' 그것도 어찌 어느 한 시인의 눈이요 마음에서만이랴.

난 철길 걷기를 좋아했다. 끝없이 펼쳐진 평행의 길은 이상의 나라로 가는 길목 같았다. 목적지가 있을 것이라는 생각보다 그 평행의 철길이 끝이 없길 바랬다. 끝이라는 것은 더 이상의 진행을 막는 안타까움으로 다가왔기 때문이다. 얼마큼의 거리나 간격이 주는 서먹함이 평행으로 이어지는 철길은 서로 간섭하지 않으면서 내가 너로 네가 나로 그리고 우리로 하나인 것처럼 보였다. 철길은 부딪치지 않고 서로가 지켜지는 사랑의 거리 어울리는 거리의 그런 가까움이었다.

사흘 동안 방학을 맞은 손녀 다섯이 집에 와 있었다. 할아버지 할머니랑 있고도 싶고 저희 다섯이 함께하는 즐거움도 맘껏 누리겠다고 일주일 동안 이박 삼일을 위한 준비를 했다고 한다. 학교 숙제도 미리 하고 그날그날 해야 하는 공식적인 공부도 사흘 분량을 앞당겨 다 해 놓고 왔다는 것이다.

/ 나무와 나무 사이/ 그 간격과 간격이 모여/ 울울창창 숲을 이루는 것을/ 산불이 휩쓸고 지나간/ 숲에 들어가 보고서야 알았다.
(도현 「간격」 전문)

눈에 보이는 것들이 사라져도 기억으로 살아나는 것들이 다. 그러나 그 기억에도 없는 것이 있다. 내 어머니 아버지 리고 한 번도 본 적이 없는 형, 내겐 그런 것들이 보여도 히지 않는 실체처럼 이날까지도 가슴 한쪽을 지배하고 있 그렇다면 내 아이들도 내가 없어지면 그럴까. 멀리 바라 는 숲처럼 그 안에 무엇이 어떻게 존재하는지 모르는 게 인가. 그러다가 산불이 휩쓸고 지나가듯 시간의 불이 휩쓸 가서 눈앞에서 그것들을 없애버릴 때에야 비로소 알게 되 것 그게 삶일까. 어쩌면 우리는 가시거리만을 사는 것인지 모른다. 너무 가까운 곳도 너무 먼 곳도 볼 수 없는 우리 의 가시거리는 극히 작은 한 부분만을 보는 것일 텐데도 이다. 가까이 아니 함께 있어도 그리운 간격이란 또 무얼 는 걸까. 코로나로 거리거리 하지만 떼어놓을 수 없는 거 있고 떼어놓지 않았는데 멀어지는 거리도 있으니 말이 그렇고 보니 이 나이에도 어찌 이리 안타깝게 손에 미치

중학생 셋에 초등학생 둘의 다섯 손녀기
동안은 난 또 그들의 먹이 해결사였다.
모습이 그렇게 보기 좋았다.

살붙이 피붙이라는 말엔 거리나 간격
그래서 가족이다. 무엇으로도 떼어놓거나
경계의 성역聖域 곧 모든 간격을 허물어
다. 한데 그런 아이들이 노는 모습을 보
함이 가슴을 스쳐 지나갔다. 저 애들과
같이할 수 있을까. 순간 함께 있는데도
다. 나는 저만큼 가고 있는데 아이들은
니다. 나는 여기까지 와버렸는데 아이들
다. 그 거리가 이만저만한 게 아니었다
수 없는 간격이었다. 하기야 60여 년의
문득 안도현의 시 「간격」이 떠올랐다.

숲을 멀리서 바라보고 있을 때는 몰랐
어깨와 어깨를 대고/ 숲을 이루는 줄 알았
거나 좁은 간격이 있다는 걸/ 생각하지 못
벌어진,/ 한데 붙으면 도저히 안 되는/ ㄱ

지 못하는 것들이 많은지 모르겠다.

  오늘따라 거실 깊숙이까지 햇빛이 들어와 환히 인사를 한다. 일억 오천만 킬로를 달려왔을 햇빛 속에 발을 담가본다. 이러면 그와 나는 일억 오천만 킬로의 거리를 허물고 간격이 없어진 걸까.

  두 그루 나무로 다시 시선이 간다. 할아버지와 할머니의 거리 속에 분주히 오가는 내 발걸음이 그리움의 간격으로 나무 사이를 오간다. 가신 분들만이 아니라 같이 있다고 해도 세상의 모든 것은 저마다 그리움의 간격을 갖는가. 그래서 사랑하라는.

『한국산문』 2022년 4월호 권두에세이

우리를 슬프게 하는 것들

사람을 만나는 것도 겁나고 두려운 세상이다. 그러니 아무리 가까운 사이라도 보고 싶다고 냉큼 달려가 만날 수도 없다. 견우직녀도 아닌데 이게 무슨 조화란 말인가. 누구의 노래처럼 "테스 형 왜 이래!"라도 외치고 싶은 심정이다. 자식도 친구도 함부로 만날 수 없는 세상을 생각이나 해 봤는가. 그런데 지금 우리가 그런 세상을 살고 있다. 하지만 이런 답답하고 서글픈 일들은 한둘이 아니다.

전화를 받았다. 며칠 전에도 받았고 어제도 받았는데 오늘 또 전화가 왔다. 마치 녹음이라도 해 두었던 듯싶게 토씨 하나 틀리지 않는 내용이다. 이런 전화가 어떨 땐 하루 멀다

오기도 한다. 그러나 그렇다고 말해줄 수도 없다. 해줘야 그 때뿐 아니 듣는 그 순간 이미 잊고 있을 터였다.

문학단체의 일을 맡다 보니 많은 사람을 알게 된다. 그런데 3,40년 이상 문단 생활을 하신 분들이다 보니 세월의 무게를 못 이기는 분들이 많다. 사실 내 나이도 칠십이 넘었다는 게 실감이 나지 않을 뿐 아니라 내가 언제 이리 나이를 먹었나 믿어지지 않기도 한다. 내가 그러다 보니 웬만하면 내가 아는 분들도 팔순八旬이 넘으신 분들이고 미수米壽가 넘으신 분, 구순九旬을 넘기신 분도 있다. 어떻게 내 번호를 찾아 누르게 되었는지 모르겠지만 한번 통화를 하게 되면 그 번호가 자주 눌러지나 보다. 아니면 외로움에 그리 전화를 하시는지도 모를 일이다. 받으면 전에 하셨던 그 말씀을 진짜 녹음이라도 해 둔 것처럼 하나 틀리지 않게 말씀하신다. 그분들의 세월 무게가 더욱 무겁게 느껴져 안타깝기 그지없다. 이제 치매는 우리 주위에서 쉽게 만나는 질병인 것 같다.

오늘 메일로 들어온 칼럼의 제목은 「같은 아내와 두 번째 결혼」이었다. 아마 이혼을 했다가 다시 결합을 하나 보다쯤으로 생각하면서도 글을 읽어보니 68세의 마이클 조이스 이야기였다. 그는 네 살 아래인 아내 린다와 34년이나 같이 살아왔는데 그만 알츠하이머병에 걸려 모든 기억을 다 잃어버렸단다. 한데 신기하게도 단 하나 남은 기억은 자신이 린다를 사랑한다는 것이었다. 그는 자신과 결혼하여 34년이나 살았다는 사실조차 잊었지만 린다를 사랑하기 때문에 결혼해야 한다고 했다. 남편에게서, 34년이나 같이 산 남편에게서 "나와 결혼해 주세요." 하는 청혼을 받은 린다의 마음이 어떠했을까. 린다는 남편의 사랑을 다시 확인하는 의미 있는 일이라고 생각하며 이를 승낙했고 친지들 앞에서 다시 결혼식을 올리는데 식장은 눈물바다가 되었다고 한다. 결코 슬픔의 눈물만은 아녔을 것이다. 모든 기억을 잃었음에도 그녀를 사랑하는 기억만은 잃지 않았던 마이클 조이스의 사랑에 대한 감격이 더 컸을 것이다. 기억을 잃는 것만큼 슬픈 일도 없을 것 같다. 기억은 살아온 삶의 전부요 역사이기 때문이다.

  나는 40년 가까이 수필을 써왔다. 수필은 있었던 이야기들이다. 기억의 소환이다. 한데 기억이라는 것도 정확할 수는 없다. 다른 기억과 혼동이 될 수도 있다. 오래되다 보면 희미해진 것에 상상력으로 살이 붙기도 한다. 내게는 이해되지 않는 게 하나 있다. 직장을 따라 78년도에 서울에서 수원으로 이사를 했는데 지금의 안산시 사사동그땐 반월면 사사리에 잠시

산 적이 있다. 그런데 내 기억 속에 그곳은 전혀 없다. 아내가 아무리 설명을 해 줘도, 직접 그곳을 가봐도 전혀 기억이 나지 않는다. 소위 필름이 끊긴 것이다. 요즘도 그 근방을 지나칠 때면 기억을 더듬어 보지만 역시 아무것도 생각나지 않는다. 그렇고 보면 기억이란 참으로 믿을 수 없는 것인지도 모른다. 그러다가 문득 두려워지는 게 있다. 어느 순간 내가 누군지 내 앞의 그가 누군지 몰라볼 때가 온다면 어떡하나 하는 것이다. 가끔 사람을 앞에 두고도 그 사람 이름이 생각나지 않아 당황할 때가 한두 번이 아니다. 그게 치매 증상은 아니겠지만 많은 이들이 나와 같은 증상을 호소하는 것을 보면 그냥 넘어갈 일도 아닌 것 같다. 내 부모님이야 젊은 나이에 다 가셨으니 모르지만 87세로 돌아가신 외할머니가 치매셨고 막내 이모님이 돌아가실 무렵 치매셨다. 병원으로 찾아뵈었더니 "누구시오?" 하던 모습을 생각하면 지금도 가슴이 미어진다. 사람이 사람을 못 알아보고 기억을 못 한다는 것만큼 더 슬픈 일은 없을 것 같다. 한데 요즘에 더 겁나는 것은 내가 하고 있는 일이 옳지 못한데도 그걸 모를 때가 있다는 것이다. 잘못인지도 모르고 오히려 고집스레 강행해 버리는 것도 문제다. 뿐 아니라 그 정도는 넘어가도 된다고 생각하거나 요즘 세상에 그 정도는 다 하는 것이라며 합리화시키고 더러는 아예 그런 생각조차 않을 만큼 양심도 감각도 무뎌져 느끼지도 못한다는 것이다. 하기야 뉴스에 오르내리는 정치인만이 아니라 종교인이나 교육자조차도 누가 봐도 알만한 일을 아니라고 하니 정말 세상이 왜 이러냐고 해야 할 판이다. 부끄러운 이야기지만 요즘은 아이들이 나쁜 짓을 하는 것을 봐도 야단을 치거나 말릴 수가 없다. 마음뿐 내 눈이 그걸 못 본 체하거나 내 발이 어느새 그 자리를 벗어나고 있다. 뉴스가 보도하던 것처럼 세상이 그러니 혹여 저 아이들한테 봉변이라도 당하면 어쩌나 하는 생각이 먼저 들면서 두려움이 양심의 가책이란 부끄러움을 넘어 다른 합리화를 모색하곤 한다. '세상이 왜 이래.'가 아니라 '내가 왜 이래.'인 것이다.

코로나로 사회적 동물인 사람의 관계가 제한을 받는 것도 답답하고 억울한데 수명이 길어졌다지만 건강이 받쳐주지 못한 슬픈 소식들이 끊이지 않는다. 거기 양심까지 먹통이 되니 이를 어쩐단 말인가. 연세가 많으신 문단 선배 어르신들을 떠올려 본다. 10년 전만 해도 부러워 보일 만큼 건강하고 활기차던 그분들을 생각하면 가슴이 아리다. 소식이 궁금하여 전화를 걸려다가도 멈칫하는 것은 혹여 전화를 받으실 수 없는 상황이거나 위로도 못 드릴 상황일까 봐 겁이 나서다. 몸은 건강해도 정신이 약해지신 분, 정신은 맑아도 몸이 말을 안 듣는 분, 세월의 무게를 이기지 못하는 분들이 하나둘 늘어나고 타계하셨다는 소식도 들으면서 제발 이 코로나 시국이라도 빨리 벗어나 찾아뵙기라도 자유로웠으면 싶다.

산다는 것은 서로 오가며 밥도 같이 먹고 얘기도 나누는 것이 아니던가. 그런데 그런 게 모두 정지되어 있는 이 상황이 너무 슬프다. 못 본 지 열흘이 넘어버린 손녀들도 많이 보고 싶은데 선뜻 가겠다는 전화도 할 수 없는 이 안타까움을 언제까지 누르고 살아야 하는가. 슬픈 현실이 그저 원망스럽기만 하다. 그래도 이 또한 지나가리란 말을 위안 삼아 기다려본다. 하지만 그것 또한 슬프다는 생각을 떨쳐버릴 수가 없다.

『건강과생명』 2021년 9월호

미안해보단 고마워

—2020년을 보내며

밤 운전을 합니다. 도심이 아니어서인지 가로등 불빛이 별인 듯 곱습니다. 하마터면 진짜 별인 줄 알 뻔했습니다. 코로나로 정지된 것들이 많아 대기가 맑아져 가까이 내려와 있는 별을 만나는 기쁨인가 싶기도 했습니다. 하지만 현실은 현실이었습니다. 별이 아닌 가로등 불빛이었고 여전히 사람들은 집콕을 강조하며 서로 거리두기를 하고 있습니다. 별은 하늘에만 있고 그것도 날이 맑은 밤이어야만 볼 수 있는 것이었습니다. 오래전 우리가 공상과학소설이나 만화에서 보았던 그 미래시대가 2020년이었는데 어느새 우리는 그 자리에도 서 있습니다.

2020년, 우리는 어느 때보다도 큰 희망과 기대로 새해를 맞았습니다. 그러나 한 달도 채 못 살고 코로나19라는 생각 잖은 침입자에게 일상의 대부분을 빼앗기고 말았습니다. 예기치도 못했던 상황에 우리는 그래도 잠깐이겠지 하며 기대의 끈을 붙들고 있었고 한 번도 만나보지 못했던 그의 존재를 그렇게까지 크게는 생각지도 않았습니다. 한데 그는 우리가 생각했던 것보다 훨씬 크고 무서운 존재였습니다. 순식간에 우리의 생활권에서 제가 마치 주인이라도 되는 양 우리를 밀어내 버렸고 사람의 생명까지도 제 것처럼 흔들었습니다. 벌써 열한 달, 온 지구촌이 그의 횡포에 어쩔 줄 몰라 하고 있습니다. 오늘 하루만도 우리나라의 사망자가 22명이나 되고 확진자가 일천 명이 넘는다니 이 일을 어쩐답니까. 며칠 있으면 큰손녀의 초등학교 졸업식과 곧이어 중학교 입학식이 있을 건데 6학년 1년간 친구들과 만난 것도 몇 번 안 되고 학교도 몇 번 못 갔고 그러니 선생님도 몇 번 못 봤을 겁니다. 그러고 졸업이라니 얼마나 서글픈 상황입니까. 졸업식도 학교에선 못 할 것 같다고 아이는 벌써 울음 반입니다. 중학교 입학식이라고 제대로 할 수는 있겠습니까.

다섯 손녀 중 막내는 올해에 초등학교에 입학했습니다. 언니들과 같이 다닐 거라며 학교 갈 날을 달력에 표시해 놓고 그날만을 기다리고 있었는데 입학식은커녕 새 친구들이나 담임 선생님까지도 만나볼 수 없는 이상한 입학으로 몇 달을 보내야 했고 어느새 일 년이 다 가고 있습니다. 제 짝이 누구인지도 모르는 참으로 희한한 학교생활입니다. 그런데 아직도 끝이 보이지 않습니다. 누구를 탓할 수도 없고 속수무책인 상황에서 자영업자들이며 요식업자들은 더 어찌할 바를 모르고 있고 비정규직이나 많은 직종이 한숨만 토해내고 있습니다. 그렇다고 세상이 멈춰버린 것은 아닙니다. 돌아가지 않는 쪽이 있는 대신 더 빨리 돌아가는 곳도 있기는 합니다. 하지만 전체적으로 힘든 사람들이 훨씬 더 많은 것이 현실입니다.

12월은 한 해가 마감되는 때로 각종 행사도 많은 때입니다. 내 12월 스케줄도 빡빡하게 차 있습니다. 그러나 내일 행사조차도 할 수 있을지 알 수 없는 불확실성 속에 사는 우리입니다. 며칠 전에도 5~600명씩 모여 하던 행사를 49명 이내로 모여 했습니다. 평생에 한 번뿐인 신인상 시상식을 안 할 수도 없어 수상자와 심사위원과 시상자만 참석하여 시쳇말로 행사를 때우기도 했습니다. 이런 가운데도 여전히 감동은 있고 뜨거운 감격과 감사가 있습니다. 밤낮없이 방역 전선에서 고생하는 의료진과 관계 공무원들의 숨소리가 들리기 때문입니다. 그게 우리의 삶이 아닌가 싶습니다. 슬프다고 울고만 있을 수도 없는 현실이 아닌가요. 속으로는 울어도 겉으론 웃어야 하는 것도 현실이고요. 그 답답하고 우울했던 2020년도 며칠 남지 않았습니다. 2021년의 해가 저만치 와있습니다. 그리고 하나같은 소망은 새해엔 제발 코로나로부터의 자유로움입니다. 세계는 백신 전쟁으로도 치열하지만 계절은 변함없이 우리에게 와 주고 있고 생명은 태어나고 또 떠나가기도 합니다. 소멸과 생성, 변화와 발전, 모든 것들이 제자리에서 정상적으로 지켜지기만 하면 얼마나 좋을까요.

문득 미안해보다는 고마워란 말을 하고 싶어집니다. 살다 보니 아니 살아보니 내가 못 해준 것이 너무 많고 안 해야 했던 것들도 많습니다. 또 상처를 내고 아픔을 준 것은 어디 한두 가지겠습니까. 그저 미안할 뿐입니다. 그런데 생각해 보니 그런 미안함보다 그걸 용서하고 이해하고 참아준 것에 대한 고마움이 더 클 것 같습니다. 아니 그럼에도 불구하고 염치도 없이 내가 받은 것이 너무 많았다는 사실입니다. 나는 못 해줬는데도 그는 내게 해줬고 내가 해달라고 하지 않았던 것까지도 그에게서 받고 있었다는 것입니다. 그래서 세상 살기란 미안해보다 고마워가 옳다는 생각입니다. 지금 내가 이만큼 있는 것도 수많은 도움의 결정結晶인 것입니다. 지금 이만큼의 나, 그리고 지금의 나라는 것은 가까이서 멀리서 알게 모르게 누군가가 나를 위해 해준 것의 열매라는 사실입니다.

　어두운 밤길 운전을 하면서 별빛처럼 보이는 가로등, 그리고 어둠을 밝혀주는 내 차의 불빛 또한 고마워할 조건입니다. 내 살아온 수많은 어둠 속에 불빛이 되어주었던 사람, 사랑, 용서, 희망 등 고마운 것이 너무나 많습니다. 어려웠던 2020년을 지나 여기 있는 것 또한 고마움입니다. 새해를 바라보는 마음도 고마움입니다. 그리고 보면 우리 삶도 미안해 보단 고마움이 더 많았던 게 분명합니다. 미안해 보단 고마워, 그저 고마울 따름입니다. 오늘보단 내일이 더 나을 거라는 희망도 있기 때문입니다.

실버넷뉴스 칼럼 12월 28일

조금의 차이

누군가가 보내온 메일에 우리나라에서 가장 예쁜 여자의 순위라며 1위부터 15위까지가 나와 있었다. 내 눈으론 그들을 1위에서 15위로 구분한다는 것 자체가 가능할 것 같지 않은데 그래도 사람의 눈은 저마다 달라서인지 1만 명의 투표로 순위를 정한 것이라며 1위가 5,103점을 얻은 김○○라고 했다.

그러고 보면 사람들은 순위 매기기를 좋아할 뿐 아니라 숫자와 순위에도 참 민감한 것 같다. 심지어 어렸을 때는 한 살이라도 부풀려 말하고 정작 나이가 들면 한 살이라도 줄여 말하려 한다. 그 한 살이 얼마나 자기를 어른스럽게 보여주거나 또 젊게 보이게 할지는 모르겠지만 사람들은 그런 것에까지 아주 예민해한다.

뿐 아니라 사람들은 비교도 잘한다. 비교란 상대적인 것인 만큼 기분 좋은 쪽이 있다면 필시 나쁜 쪽도 있게 마련이다. 해서 '얼마나 예쁘니?' 하고 물으면 '그가 누구보다 조금 더 예뻐' 한다던가, '얼마나 부자니?' 하면 '그가 조금 더 부자일 거야.'라며 '조금'으로 우위는 말하면서 기분은 상하지 않게 하는 경우도 있다. '요즘 사업은 잘되니?' 할 때에도 '조금' 해 버리면 나쁘지는 않은가 보구나 짐작해 버린다. 그런데 정작 그 '조금'이란 것을 결과로 보아야 하는 상황에선 결코 양보할 수 없는 것이 될 수 있다.

예쁜 여자의 순위도 1이라는 작은 차이에도 순위가 달라질 수도 있고, 1초도 안 되는 조금의 차이로 금메달을 따고, 1초의 몇 분지 일이라는 조그만 차이로도 신기록이 수립되는가 하면 그 조금의 더 애씀과 노력이 승리와 패배, 성공과 실패의 분수령을 만들기도 한다.

손녀가 막 말을 배우기 시작했을 무렵의 어느 날 '할아버지가 먼저 좋아.'라고 했다. 난 어법상으로는 맞지 않는 그 말에 시쳇말로 뿅 갔었다. 아이가 한 말은 분명 누군가보다 조금 더 좋다는 말뜻이었기 때문이다. 그 대상이 누구이건 상관없다. 다만 그 누구보다는 먼저 좋다라는 것이 분명 많지는 않지만 아주 조금이라도 이 할애비가 더 좋다는 뜻이라 생각되었기 때문이다. 그런데 문제는 요즘 들어 그런 '조금'이 좋은 쪽으로가 아니라 나쁜 쪽으로 더 많아진다는 사실이다. 나의 경우도 건강이 그렇고 생각도 의욕도 조금씩 덜해지고 약해지고 떨어진다는 것이다. 그 미세한 차이를 당사자인 내가 분명 느끼고 있다. 외관상으로 보여지는 그것과는 분명히 다른 그 조금의 차이를 나는 너무나 확연하게 느끼고 있기에 조금씩 운동도 식이요법도 해보려 하지만 그 조금이 또한 쉽지 않다.

아주 오래전이지만 수락산을 등반할 때다. 다들 안전하게 로프를 이용하여 차례대로 이동하고 있었다. 그런데 그 순서 그 시간도 못 기다린다고 젊은 객기로 선수들이 주로 택하고 있는 로프 없는 옆 코스를 택했다. 바위엔 발을 딛고 손으로 잡을 수 있는 홈이 파여 있었다. 그런데 조금 더 위로 올라가자 내가 발을 딛을 홈과 손으로 잡을 수 있는 그 홈이 아슬아슬하게 내 발과 손이 미치기엔 모자랐다. 아무리 뻗어 봐도 늘여 봐도 그 조금만큼 미치질 못했다. 올라오긴 올라왔는데 내려갈 수도 없었다. 참으로 진퇴양난이었다. 결국 땀만 뻘뻘 흘리다가 모험을 시도할 수밖에 없었는데 이미 겁을 먹어 쫄기도 했겠지만 그 조금은 결국 나를 아래로 떨어지게 하고야 말았다. 덕택에 시계도 망가져 버렸고 옷은 찢어지고 여러 곳에 상처를 입었다. 1cm도 안 될 그 조금 때문에 큰 곤욕을 치르게 된 것이다. 당하면 후회할 일이 분명한데도 사람들은 나처럼 그 조금을 곧잘 무시한다.

요즘 우리 나이쯤에는 몸이 시키는 대로 마음이 시키는 대로 하라는 말이 있다. 이제는 할까 말까 저울질이 되는 것은 당연히 하지 말라는 것이다. 젊었을 때 그런 상황이었다면 분명 하라는 쪽이었을 것이다. 처지와 입장이 그렇게 달라져 버린 것이다.

노사연의 〈바램〉이라는 노래를 듣고 있으면 어쩌면 이리도 지금의 나를 잘 표현했을까 싶다. 내 손이 아픈 것은 손에 잡은 것이 많아서이고, 몸이 아픈 것은 너무 무겁게 삶을 짊어지고 있기 때문이란다. 내 시간이 없는 것은 내 일도 아닌 것들을 해결하느라 그런 것이며, 다리가 아프다는 것은 쉴 틈도 주지 않고 걸어만 왔으니 그렇다는 것이다. 나만이 아니라 오늘을 사는 우리 모습이 아닐까 싶다. 그나마 위로가 되는 것은 우린 늙어가는 것이 아니라 조금씩 익어가는 것이라는 것과 내 얘기를 조금이라도 들어주는 누군가가 있다면 나는 혼자이진 않다는 말이다. 우린 그렇게 조금에 힘을 얻고 살아가는 존재들이란 생각이 들었다.

세상은 일순간에 확 일어나는 큰 변화가 아니라 시나브로 알게 모르게 변하기 마련이다. 그런데 그 조금보다 너무 큰 것을 바라거나 빨리하려다가 일을 내고 돌이킬 수 없는 상황에 처한다. 찬 바람을 막느라 옷깃을 여미던 때가 바로 엊그제였는데 진달래가 피고 벚꽃이 피고 온 산과 들이 초록으로 넘실대고 있다. 언제부턴지 두꺼운 옷 대신 얇고 가벼운 옷을 입고 나선다. 곧 덥다는 소리가 나올 것이다. 내가 모를 만큼 변한 조금씩의 변화가 완전히 달라진 세상을 보이는 것이다. 그렇고 보면 조금의 힘이 무서울 만큼 큰 것이 아닌가 싶기도 하다.

아이가 자라서 어느새 어른이 되고 어른은 곧 늙어간다지만 늙어가기보다는 익어간다는 말 얼마나 위로가 되는 의미 깊은 말인가. 하지만 익어가는 게 아니라 늙어가기를 고집하는 사람도 있는 것을 어쩌나. 괜한 욕심과 자만으로 우아하고 고상한 성숙의 옷을 못 입으니 익어가는 것이 아닌 낡고 늙은 모습만 보이게 되는 것이 아닌가. 세상의 자연스러움을 저만 비켜나간다고 누가 인정이나 해준단 말인가. 누구도 겨울 후에 봄이 오고 어느새 여름도 오고 가을도 오는 자연의 법칙을 모른다 할 순 없으리라. 예쁜 것도 잘하는 것도 많은 것도 한순간이 아니랴. 하지만 그 차이는 실로 조금이다. 조금의 차이는 한없이 클 수도 있지만 또한 아무것도 아닐 수 있음을 새삼스럽게 깨닫는 건 조금의 차이 앞에 겸손해질 때 비로소 조금이 커 보일 수도 작아 보일 수도 있다는 것이 아닐까.

보내온 메일의 끝에 이런 멘트가 붙어 있었다. "평소에 하찮은 조그만 생각 차이가 위대한 발명왕이 되고 노벨상도 수상합니다. 그러나 예쁜 여자 1위는 겨우 종이 한 장 차이라는 사실을 자각하시길." 그럴지도 모른다. 차이란 원래 그런 것 아닌가.

노사연의 〈바램〉을 볼륨을 높여 듣는다.

"내 손에 잡은 것이 많아서 손이 아픕니다. 등에 짊어진 삶의 무게가 온몸을 아프게 하고 매일 해결해야 하는 일 때문에 내 시간도 없이 살다가 평생 바쁘게 걸어왔으니 다리도 아픕니다. (중략) 우린 늙어가는 것이 아니라 조금씩 익어가는 겂니다."

　조금만 덜 움켜쥐고 조금만 덜 지고 조금만 더 내 시간을 가져보는 삶, 아무 데나 조금 걸터앉아 다리도 쉬어가는 삶을 이제야 바라본다. 늙어가는 것이 아니라 익어가기 위해. 아주 조금이라도.

『수필시대』 2017년 4월호

부여, 그 아늑한 그리움의 나라

　백마강 뱃길은 왠지 그냥 설움이다. 내게만 특별히 다른 정한이 있어 그러는지는 모르겠다. 하여간 강물의 흐름을 보는 것만으로도 내겐 까닭 모를 설움 같은 우수가 몰려든다.
　나는 지금 세 번째로 백마강을 따라 흐르고 있다. 그래선지 나도 강물이 되어 흐른다. 황포돛배가 오늘은 참 점잖다. 적당히 바람도 불어서인지 가지런히 방향을 안고 간다. 흐르는 강물에 맞추기라도 하려는 듯 길게 그림자까지 드리우며 고즈넉이 강물을 인도한다.
　백마강은 백제의 상징이다. 백제의 희로애락을 모두 품고 있다. 때로는 기쁨의 눈물이 되어 흘렀고, 어떤 때는 한과 슬

품으로 흘렀다. 그리운 사람, 잊혀진 사람들 이름들이 밤에는 강물 속 별이 되었고 낮에는 윤슬로 반짝였다. 그걸 지켜보는 고란사는 말이 없지만, 그가 하려는 말을 강물이 대신하기도 한다.

배에서 내려 고란사로 향한다. 낙엽 길이어서인지 밟히는 낙엽내가 싫지 않다. 한데 이번이 세 번째인데도 처음 같다. 그건 생소함이 아니라 그 반김이 처음만큼 상기롭다는 것이다. 노란색 파마머리를 한 은행나무가 나를 쳐다보나 싶었는데 나비 날갯짓을 하고 있다. 저 또한 누구에게 어디론가로 보내는 그리움의 몸짓일까. 떨어진 은행잎 두 장을 손에 든다. 했더니 조심스레 그가 입을 연다.

"근초고왕은 가장 넓은 땅을 차지하며 전성기를 구가했어요. 막강한 힘으로 발달된 문화를 이뤄내며 일본에까지 아직기와 공녀를 보내 문명을 전해 주었지요. 일본 태자의 스승이 되기도 했어요. 660년 나당연합군에 의해 멸망은 했지만 의자왕은 당나라에 끌려가서도 항복하지는 않았어요." 목이 멘 듯 파르르 떨며 얘길 한다. 자부심, 어쩌면 백제에 대한 자긍심이 백마강으로 흐르고 있고, 고란사가 그걸 지켜보았고, 은행나무가 또한 그걸 기억하고 있었을 것이다.

부여는 6대에 걸친 120여 년간 백제의 수도였다. 그 백제의 수도 부여를 흐르는 강이 백마강이다. 부소산을 감돌아 흐르는 금강의 구간 16km가 바로 백마강이다. 그런데 백마강이라며 속으로 읊조리기만 해도 슬픔이 씹힌다. 쑥맛 같기도 한 씁쓰레한 슬픔 맛이 왜 백마강이란 글자 속에서까지 묻어날까. 달빛 속이라도 된다면 더 할 것 같다. 다행히 햇살 부신 가을 한 날 유유히 흐르는 백마강 물줄을 보며 나도 역사 속 옛이야기들을 조금씩 꺼내 상기한다.

고란사에 이른다. 크지 않은 절, 그래서 시골집에 들른 것 같은 아늑함과 안락함이 있다. 뒤꼍으로 돌아가 사람들 속에 묻힌다. 고란 샘터다. 줄을 서서 바가지를 받고 있다. 나 또한 이곳에 온 것이 고란수를 마시기 위함이 아닌가.

왕이 마셨다는 고란사 고란 샘터에서 고란수 한 바가지를 맛있게 들이킨다. 내 속 깊이까지 시원케 해주는 물맛에 한 바가지를 더 받아 마신다. 내 안이 고란수로 가득 차는 느낌이다. 그때 왕은 고란수라는 것을 증명하라며 고란초 이파리 하나씩을 띄우라고 했다는데 아무리 찾아봐도 내 눈에 고란초는 안 보인다. 하기야 나 같은 수많은 사람들이 하나같이 찾았을 터이고 그걸 보았다면 약수에 띄우고자 떼어갔을 테니 그 시달림을 어찌 견뎌내며 내 눈에까지 보일 수 있겠는가. 풀草이면서도 사철 푸르다는 고란초도 못 보고, 그 고란초 띄운 고란수도 마시지는 못했지만 그래도 두 바가지나 고란수를 마셨으니 바람의 반은 이룬 셈이다. 하지만 고란초 잎 하나를 고란 약수에 띄워 마시는 왕의 호사로 운치와 맛을 직접 느껴보지 못한 것은 아쉬움이 아닐 수 없다. 그래선지 오히려 부여는 그래서 더욱 아늑한 그리움의 나라로 기억되는 걸 어떡하나. 황포돛배에 다시 몸을 싣고 백마강을 거슬러 올라가며 멀어지는 고란사에 손을 흔들어준다. 그런데 내게 말을 해주던 그 은행잎을 거기 그냥 두고 온 게 내내 마음에 걸리고 후회가 된다. 그 또한 아쉬움 가득 아늑한 그리움이 될 것 같다. 그리움이 그리움을 넘어 더욱 아늑한 그리움이 되는 부여로.

한국문협 부여 심포지엄 특집 2022년 11월

내가 사랑하는 생활

거실과 발코니에 있는 화분의 꽃들조차 피고 지는 것을 모르고 지날 때가 있다. 뭐가 그리도 바쁜지 모르겠다. 꼭 바빠서만도 아닐 것이다. 무심함이 더 클 것이다. 어찌 그런 꽃의 피고 짐만이랴. 지난밤 누웠던 자리에서 다시 눈을 뜨고 아침을 맞으며 사랑하는 가족들과 아침상을 같이 하는 것이 어찌 내 당연한 일상이랴. 결코 내 의지나 힘으로 된 것은 아니잖은가. 그러고 보면 세상사 크고 작은 어떤 일 하나도 보이지 않는 절대자의 은혜요 사랑임을 알게 된다.

한국수필가협회의 해외문학 심포지엄으로 코카서스의 조지아와 아르메니아 그리고 카자흐스탄을 다녀왔다. 길다면 길고

짧다면 짧을 수 있는 열흘이지만 그간에도 수많은 일들이 일어났다. 사진을 찍다가 추락하여 사고를 당한 일행이 있는가 하면 그렇게들 당부하는데도 꼭 무언가를 하나씩은 숙소에 놔두고 퇴실하여 다시 찾아오느라 애를 먹고 다른 일행에게 기다리는 피해를 주는 일도 여러 번 일어났다. 잠시의 불편과 어려움을 감수하는 것이라지만 다수에게 시간적 피해를 준 것이다 보니 당사자의 미안한 마음은 어떠했겠는가. 서로 이해하고 조심한다고 해도 촌음을 아껴야 하는 귀한 일정이니 어떤 한순간도 소중한 만큼 더 세심히 주의하고 배려해야 하는 서로서로 사랑과 염려의 대상이 아닐 수 없었다.

나이가 들어간다는 것은 조금씩 못 보던 것도 보게 되고 들리지 않던 소리도 듣게 되는 것 같다. 물론 눈이 어두워지고 귀가 무뎌져서 제대로 못 보고 못 듣는 것이 더 많아졌겠지만 대신 들리지 않는 것을 듣고 보이지 않는 것을 볼 수도 있다는 것은 나이 들어 얻는 또 하나 은혜요 능력이요 지혜가 아니겠는가.

산다는 것은 가히 기적의 연속이 아닐까 싶다. 하기야 불확실성 시대를 살아가는 것이니 평상의 하찮아 보이는 일까지도 기적 아닌 것이 없다. 건강한 사람이 순간의 사고로 생명을 잃는 것도 허다하고 천재지변으로 전혀 예측할 수 없는 일이 일어나는 것도 자주 본다.

얼마 전 아내는 자전거를 타고 운동하러 가다가 넘어져 다리가 부러지는 사고를 당해 수술을 세 번이나 하는 수난을 겪었다. 어찌 조심해서 타지 않았겠는가. 하지만 아무리 조심해도 안전하지 못한 상황과 조건들은 그 조심도 넘어 사고事故를 만들어내니 인간으로서 그것들을 다 막아내기는 어렵다. 그러니 지금 내 삶의 순간이 이만큼 안전하고 편안하고 즐거운 것이 기적 아니고 무엇이겠는가. 이러니 지금 내 삶의 순간들을 무엇보다 사랑하고 감사하지 않을 수 있는가. 탈 없이 무사히 학교에 잘 다녀온 아이가 기특하고 감사하고, 외출한 가족들이 아무 탈 없이 나갈 때와 다름없이 들어온 것이 감사하고, 먼 길을 다녀온 내가 건강하게 집에 돌아온 것 자체가 얼마나 감사한 일인가. 이러니 평범하달 수도 있는 이 소중한 내 삶의 순간들을 사랑하지 않을 수 없다.

오늘도 아내는 나보다도 일찍 집을 나섰다. 어쩔 땐 너무 밖으로만 나도는 것 같아 곱지 않은 눈으로 봐지기도 하지만 그 나이에 그만큼 다닐 수 있다는 것이 얼마나 큰 축복인가. 만일 몸이 불편하여 집에만 있게 되면 그 또한 서로가 못 할

노릇 아닌가. 지난번 자전거 사고로 이미 경험한 바 있잖은가. 그러니 건강하여 너무 자유롭게 이것저것 마구 하고 다니는 그런 아내가 얄미우면서도 고맙기만 하다. 나 역시 온몸이 안 아픈 곳이 없지만 그럼에도 바깥일들이 주어지니 집에 있을 수 없고 그렇게 밖으로 돌다 보니 아픈 것도 잊고 다니다 보면 언제 하루가 갔느냐 싶곤 한다.

누군가 이런 내게 당신이 사랑하는 생활은 어떤 것이냐고 묻는다면 더도 말고 덜도 말고 지금, 이 순간이라 말함도 틀리거나 나쁘진 않을 것 같다. 이 나이에 글 좋아하는 이들과 함께 어울려 읽고 쓰고 가르치며 시간 즐기고 그걸 한답시고 출근하듯 시간 맞춰 나가고 그러다 보니 선생이라고 대접도 받는 지금 내 생활이야말로 내 삶의 황금보다 귀한 시간 '지금'이 아니고 무언가.

나이가 들면 자꾸 비어지는 것 같은 안타까움과 불안이 는다고 한다. 나도 그걸 느낀다. 장성한 아이들은 다 제 할 일들에 바쁘고 거기다 제자식들 걱정부터 해야 하니 어찌 부모 생각이나 할 겨를이나 있겠는가. 그러니 비워지는 안타까움으로가 아니라 내가 먼저 비워내는 홀가분함과 가벼움의 마음으로 사는 것이 상책일 것이다. 내가 사랑하는 생활은 바로 오늘의 나이고 이만큼의 내 삶이고 더도 말고 덜도 말 지금 내 삶이 아닐까.

　더운 바깥 열기 막는다고 꼭 닫고 에어컨 틀던 게 엊그제였는데 오늘은 쌀쌀하다고 문을 다 닫고 있다. 이 변덕스러운 마음조차 유수와 같은 세월이라는 말을 인정하며 어김없이 찾아오는 계절의 변화 앞에 꼭 이만큼의 나로 감사하며 살아야 하는 것 아니겠는가. 그리고 보면 이보다 더 사랑할 나의 사랑하는 생활이 어디 또 있겠는가. 이게 바로 내가 사랑하는 생활, 사랑해야 할 생활이 아니겠는가.

『인간과문학』 2024년. 겨울호

거대한 상남 나무의 그늘 아래서

―상남 성춘복 선생님 미수에

상남尙南 선생님께서 미수米壽시란다. 살아오신 삶의 나이테가 여든여덟이니 장한 삶만큼이나 참으로 어려움이 많던 시대와 세월을 사셨음이다. 일제강점기에도 10년이나 사셨고 해방이 되어 새로운 세상을 만나셨어도 1948년 정부수립 후 6·25 1950, 4·19 1960, 5·16 1961, 10·26 1979, 5·18 1980, 천안함 침몰 2010, 세월호 침몰 2014, 대통령 탄핵 2017, 코로나19 사태 2019 등 참으로 엄청난 간난의 세월과 시대를 사신 선생님이시다.

그래서일까. 평소에 선생님을 뵈면 거대한 나무를 보는 것 같았다. 그 많은 사건 속 풍상의 삶을 살면서 만일에 선생님께 시가 없었다면 그걸 다 이겨내고 견뎌 내실 수 있었을까.

가끔씩 뵌 적은 있었지만 내가 선생님과 제대로 만난 것은 1987년에 한국문화예술진흥원이 덕수궁 석조전에 문예강좌를 개설하면서였다. 그때 상남 선생님과 경희대 서정범 교수님이 시와 수필강좌를 해 주셨다. 그런데 처음에 시로 출발했던 내게 서정범 교수님의 수필강좌에서 나를 먼저 수필 쪽에 앉혀 버리는 바람에 상남 선생님과의 만남이 멀어져 버렸다. 그때 시 강좌 내용보다 어떻게 사는 것이 바른 삶 좋은 삶인지를 말씀해 주셨던 것이 더 인상 깊게 남는다. 특히 매년 집을 줄여 세계 시인대회에 맞춰 그 전후로 여행을 하신다는 말씀에 전적으로 공감하며 도전을 받았고 나도 그렇게 해야겠다고 마음에 다지기도 했었다.

선생님은 1936년 경북 상주에서 태어나서 1959년 스물셋의 나이로 『현대문학』을 통해 등단하셨다. 돌아가신 강민 선생님이나 김시철 선생님 그리고 권용태 선생님으로부터 상남 선생님 이야기를 자주 듣곤 했었다. 을유문화사, 삼성출판사 편집부장으로 계실 때 이야기도 들었던 것 같다. 난 지금으로부터 10년 전인 2013년에 내셨던 선생님의 열여덟 번째 시집의 머리말을 읽으며 가슴이 싸아해졌었다. "살아오면서 많은 친구를 잃었다." 10년 전이니 팔순도 안 되셨을 때인데 그 말씀이 내 가슴에는 아픈 못으로 박혀왔었다. 돌 달에 아버지를, 세 살 때 어머니를, 내가 태어나기도 전에 형을 잃었고 그 외 나를 사랑해 줄 만한 분들을 멍하니 바라보며 다 떠나보내야 했던 나였기에 상남 선생님의 "살아오면서 많은 친구를 잃었다."는 말씀은 어느 누구도 느끼지 못할 안타까움으로 내게는 스며들었다.

어쩌면 산다는 것은 내 곁의 사람을 하나하나 떠나보내는 연습을 하다가 종국엔 나도 떠나가는 것이겠지만 살아있는 동안에는 가는 이보다 남은 이가 겪어야 할 아픔 고통 슬픔 절망이 너무 커서 더 견디기 어려울 수밖에 없는 것이 아닌가.

하니 상남 선생님이 우리 곁에 이렇게 계신 것이 너무나도 든든하고 감사하고 자랑스럽다. 홀로 겪으셔야 했고 맞으셨던 그 많은 추위와 바람 덕에 우린 이만큼 덜 춥고 덜 아프게 살아온 것 아니겠는가.

내가 발행인과 편집인으로 있는 수필 전문지 월간 『한국수필』에 원로 시인님들의 시를 한 편씩 권두에 실어 나누고 싶었다. 2019년 6월호에 상남 선생님의 시 「저 돌을 좀 보아라」

를 싣겠다고 했더니 쾌히 승낙해 주셨다.

> 하루 이틀도 아니고/ 긴 세월 눌러 앉힌/ 저 돌을 좀 보아라//
> 꿈쩍 않고 그냥인/ 부처의 무릎뼈를/ 그 딱딱함까지 살피고//
> 서양 버터 잘 굳힌/ 어기참이야 고맙기는 하지만/ 이 놀라움을 어이할꼬//
> 부드러움은 결코 아닌/ 너슨한 마음의 뜨거움으로/ 저 돌을 좀 찬찬히 보아라.//
> —성춘복 「저 돌을 좀 보아라」 전문

어쩌면 상남 선생님의 살아온 삶이고 마음이 아닐까 싶다. 1965년 제1시집 『오지행』예문관으로부터 21권의 시집과 1권의 시선집, 평론집 그리고 6권의 수필집과 고희기념문집, 그 외 5권의 청소년 도서는 상남 선생님 영혼의 나이테라 할 수 있다. 최근에 박영배 교수가 『성춘복 시세계』소소리, 2023도 밝혀주었지만 선생은 1987년 계간 『시대문학』 주간에서 1989년부터는 발행인 겸 편집인이 되셨고, 2019년 『문학시대』 창간 33주년을 맞으면서 문학시대 동인 사화집 30집 발간 기념 시화전 및 상남 선생을 위한 헌송회를 가진 것은 영혼의 나이테를 더욱 선명히 하는 일이었다. 또 며칠 전엔 해암 이범찬 선생님으로부터 시조를 배웠다며 500수의 시조 중 102편을 추려『철 따라 바람 따라』란 시조선집을 엮어 상남 선생님께 봉정하셨으니 이 또한 문단에서도 보기 드문 아름다운 일이 아닐 수 없다. 상남 나무의 그늘이 아니고 무엇이겠는가.

88세 미수米壽의 '米'자는 八+八의 합성어로 농부가 모를 심어 추수할 때까지 88번의 손길이 필요하다는 뜻이란다. 그러고 보면 상남 선생님의 그런 수고 하심이 우리 한국 문단을 이만큼 만드신 것 아니겠는가. 한국문인협회 이사장을 비롯 한국 문단의 주요한 책임을 감당하시면서 오늘에 이르기까지 선생님의 맑히시고 밝히시고 내어주신 길에서 이렇게 누리기만 하려니 죄송함이 앞서지만 그게 선생님이 기쁘게 선물해 주셔서 우리가 누리는 행복이 아닐까 싶다.

미수·망백·백수로 이어지며 우리 한국 문단에 더욱 큰 상남 나무 그늘을 드리워 주시길 기도할 뿐이다.

상남 선생님의 더욱 건강하심과 건필을 빌고 또 빈다. 상남 선생님 미수를 진심으로 축하드립니다.

『인연-상남과 나』 2023년 상남 성춘복 시인 미수기념문집

안과 밖

책이 왔다. 한데 보낸 이가 고인故人이다. 얼마 전 세상을 떠난 C 수필가다. 참 좋은 수필을 쓰던 작가이다. '참'이라고 말한 내 의도 속엔 다분히 너무 일찍 세상을 떠나버린 데 대한 나만의 특별한 안타까움이 담겨 있다. 지금도 그의 생전 모습을 마주 보고 있는 듯 눈에 선하다. 그의 목소리도 웃음도 잘생긴 모습도 지금 내 앞에 그 웃음 그대로 서 있는 것만 같다.

이 책은 나와도 관계가 있다. 모 문화재단의 창작기금 심사를 하는데 단연 돋보였다. 블라인드 심사이지만 제출된 한 권 분량의 내용을 읽다 보니 그라는 걸, 그의 글맛과 글멋은 아무리 모든 걸 가려놨다 해도 그만의 냄새를 풍기었다.

  그 책이었다. 그가 떠난 지 3개월 유고집으로 내게 온 것이다. 반가웠다. 하지만 가슴이 너무 아프다. '책 보냅니다.' 분명 전화를 했을 것이다. 그런데 그의 전화도 목소리도 없이 책만 왔다. 그의 이름으로.

  그는 마지막으로 관심을 가졌던 세상을 보는 두 개의 창으로 바깥과 안을 들었다. 내다보려는 내 쪽의 입장에서보단 그냥 시선이 가는 방향으로 그는 안과 밖을 보았다. 그 두 개의 시선으로 읽는다는 것, 쓴다는 것, 생각하는 것을 보았다. 그는 굳이 왜 타인의 시선으로 세상을 읽고자 했을까. 살기 위해 먹는 것처럼 작가이기 때문에 읽어야만 한다고 했다. 쓴다는 것은 말을 캐는 것이라며 매혹적인 보물을 나만이 갖기 위해서 더 깊이 파고 더 열심히 찾아내는 것이라 했다. 그래서 독서를 통해 바깥의 것들을 안으로 들이려 했다. 그렇게 들어온 것들이 그의 눈을 트이고 생각을 틔우고 펜을 길들였다. 그렇게 바깥이 안을 키웠다. 그리고 안에서도 내다보기를 했다. 그것은 인식의 전환, 고정관념의 탈피이기도 했다. 그렇게 친숙함을 낯설게로 바꾸는 것을 매혹적이게 한다라고 했다. 그는 소중한 삶에 집중하려면 단순한 삶에 절실해져야 한다고도 했다. 소유에 집착하면서 자유로운 존재로 살아갈 수는 없을 것 같지만 생각만 바꾸면 자유로워진다고 했다. 모든 걱정과 병은 비교에서 시작되기 때문이란다. 그래서 그는 자신의 시선으로 세상 읽기를 했다. 먼저 사물들을 보기 시작했다. 함께 하는 것, 홀로인 것, 새로이 시작되는 것, 잔해물, 서로 다른 모양과 성질, 남겨진 것, 오래된 것, 색깔들, 어둠과 밝음, 세월의 흐름까지도 그는 자신의 시선을 그들 속으로 들여보내 그들의 작은 숨결을 더듬고 숨소리를 들으려 했다. 내 안의 시선으로 바라보는 세상은 지극히 한계적일 수밖에 없다. 그래서 그는 가까이 있는 사물을 애정으로 보았고 소소한 일상을 보듬듯 보았다. 바깥과 안이 서로 선한 영향력을 끼치며 변화를 부른다는 사실을 깨닫게 되었다. 몸은 마음의 영향을 받는다. 눈은 보고자 하는 것만 보려 한다. 해서 사람들은 안에서만 밖을, 밖에서만 안을 볼 수 있다고 생각한다. 하지만 생生과 사死도 경계 없는 하나일 수 있듯이 안과 밖도 경계 없는 하나일 수 있다. 누가 그 경계를 만들었는가. 동물원에 가서 철창 속 동물들을 구경하는 사람을 동물들도 우리가 갇힌 것으로 보았을 수 있지 않을까. 생각을 바꾸면 소유에 집착하면서도 자유로운 존재로 살아갈 수 있다는 생각도 그것이 소유라고 생각하기 때문에 소유인 것이고 집착이라 생각하기 때문에 집착인 때문이 아녔을까. 그 생각에서만 벗어나면 소유도 아니고 집착도 아닐 것이다. 그의 책이 보내는 메시지는 나도 생각을 바꿔보라는 것일까.

나는 참 내성적이었다. 그리고 소심했다. 지금도 크게 달라진 것은 없겠지만 몇 군데 문단의 책임을 맡다 보니 그런 나를 벗어나야만 했고 그렇게 보이지 않으려고도 했다. 하지만 천성이 그런 걸 어떻게 바꿀 수 있겠는가. 속으로는 벌벌 떨면서도 아니 그런 척할 때도 많았고 다리가 후들후들 떨리는데도 그런 나를 숨기려고도 했다. 그러니 나를 바라보는 눈이 다행스럽게도 내 안의 그런 나를 발견 못 했다면 성공이었다. 세상을 그리 산 것이 얼마나 많았는지 모른다. 지지난해 백담사에서 심포지엄을 할 땐 식사를 하러 가다 투명한 유리창에 부딪혀 크게 혼이 난 적이 있다. 안과 밖이 구별되지 않을 만큼의 투명함이 나를 순간 경계가 없다고 생각게 했다. 있는데도 없다고 생각하는 것, 경계가 있는데도 보이진 않는 것, 우리는 그런 혼돈과 착각에서도 산다.

오늘도 2월 초순의 바깥 날씨는 영하 17도란다. 한데 햇볕이 들어오는 거실에서 밖을 내다보는 내 눈엔 밖도 안과 다름없는 따뜻함이다. 그렇게 우리는 보이는 사실과 느끼는 진실을 혼동할 때가 많다. 안과 밖, 바깥과 안, 그는 왜 굳이 바깥이 안을 키운다고 생각했을까. 바깥은 크고 넓어 많은 것이 있는 곳이요 안은 작아 적은 것이 있는 곳이라고 생각한 걸까. 하지만 밖과 안은 그저 생각일 뿐 같은 시간과 장소를 사는 지금의 내게도 하나이지 않은가. 그러니 살아있는 사람에겐 밖과 안은 하나다. 그러나 그가 없는 지금 그는 밖도 안도 아닌 곳에 있다. 그게 살아있음과 그렇지 못함의 차이다. 한데 이렇게 그가 그의 책으로 나를 키우고 있다. 그는 나의 밖에 있는 것일까.

『펜문학』 2023년 3·4월호

chapter 2.

아늑한 그리움

그 소리
미안해요 아니 고마워요
어떤 마지막 인사
아름다운 사랑의 빛
장례식장 신혼여행
내게 쓰는 유언장
좋게 기억하기
노을처럼 떠나신 만년 청춘 수필가 이숙 선생

그 소리

―추억으로 그가 말을 걸어올 때

그는 늘 거기 있었다. 말도 없이 그렇게 거기 있어왔다. 20년도 넘었다.

우연히 고종사촌네를 들렀었다. 마침 지나가는 길이기도 했지만 못 본 지가 너무 오래되어 어찌 사는지도 궁금해서이긴 했다. 고모님 생전에 사시던 집을 헐고 다시 지어 그 아들인 내 사촌 동생이 살고 있었다. 한데 사업장을 겸하는 3층 집을 둘러보는데 눈을 끄는 게 있었다. 내 어릴 적에 쓰던 우물 펌프였다. 그런데 방치되어 벌겋게 녹이 슬어 있는 그것이 나를 서럽게 쳐다보는 것이 아닌가. 나도 한참을 마주 보았다. 그걸 아내도 본 것 같다. 한데 아내가 내 마음을 읽었을까. 동생에게 무어라 얘기를 하는 것 같더니 동생이 그걸 들고 내 차에 실어 놓겠단다. 그렇게 우리 집으로 오게 된 것이었다.

처음엔 현관에 다듬잇돌과 함께 나란히 놨었다. 집에 오는 이마다 신기해하며 한마디씩 했다. 옛것에 대한 그리움은 다 같은가 보다. 한 번쯤은 사용해 본 추억도 있음일 게다.

내 어릴 때의 우리 집 우물은 밭을 가로질러 있었다. 두레박으로 길어 올리는 꽤 깊은 샘이었다. 샘가로 키 작은 향나무가 두 그루 둘러서 있는 우물터는 안온하고 정겨운 곳이었다. 겨울에는 모락모락 따뜻한 김이 올라오고 여름에는 손이 시릴 만큼 차가운 데다 물맛도 좋은 우물이었다. 나는 두레박을 올릴 때 칙칙 툭툭 차르르르 깊은 우물로 떨어지며 우물 안을 울리는 청량한 물소리가 참 좋았다. 가끔은 물이 떨어지지 않게 두레박을 올리는 시합도 했다. 물론 어린 나는 아니고 이모나 다른 누군가가 왔을 때였다.

그러던 어느 날 마당에 펌프를 놓게 되었다. 두레박 우물보다 훨씬 깊이 파서 나오게 한 펌프 우물이어서인지 펌프질을 쉬면 이내 꼬로로록 가뿐 소리를 내다 물 숨이 잦아들곤 했다. 다시 물이 올라오게 하려면 마중물이 필요했다. 해서 펌프 옆에는 늘 물이 차 있는 물동이에 바가지가 띄워져 있었다. 바가지로 물을 퍼서 펌프에 부으면 코로록 하는 소리가 나고 그때 바로 펌프질을 하면 저 아래까지 내려갔던 우물물이 마중물을 따라 함께 다시 올라왔다. 그게 재미있어 끊어진 물 숨을 살리는 짓을 놀이 삼아 하기도 했다. 그런 추억이 깃든 펌프를 집에 두게 되니 왠지 고향을 집에 두는 것 같고 어린 그때의 삶이 펌프 주위에서 다시 살아나는 것만 같아 좋았다. 지난해 이사한 새집엔 바깥 나무들을 배경으로 아내의 방 베란다에 놓았더니 한결 운치가 더 했다.

혼자 집에 있는 날 가만히 그를 보고 있으면 그가 도란도란 말을 걸어왔다. 그때 내 손때가 묻었던 것도 아닌데 어찌 내 소싯적 사연을 그리 다 아는지 신기했다. 북에서 피난 와서 함께 살던 동형네 소식도 물어오고 돌아가신 막내 이모 소식도 물어왔다.

펌프를 놓던 날은 이모가 가장 기뻐했다. 그도 그럴 것이 이모가 제일 많이 물동이를 이고 다녔던 것이다. 어쩌다 가만히 있다 보면 가끔씩 꼬로로록 물 숨넘어가는 소리를 내는 것도 같고 크르륵 마중물 받는 소리를 내는 것도 같다. 물론 내 생각만이었겠지만 이명처럼 어린 날의 소리가 들려오곤 한다. 검붉은 녹이 오히려 멋스러워 보이는 그를 보면 그가 거기에 있다는 것에 이상스레 마음도 든든해졌다. 옛 기억을 잊지 않게 상기시켜 주는 것도 고마웠다. 펌프를 쓰던 할머니도 이모도 다 돌아가셨고 동형이네도 행랑채 순겸이네도 지금은 어디서 어떻게 살고 있는지 살았는지 죽었는지도 알 수 없다. 하지만 펌프를 보면 그 옛날로 돌아간 듯 내가 그들과 거기 있곤 한다.

오늘은 추적추적 비도 내리기에 가만히 아내의 방으로 들어가 그를 배알拜謁한다. 그리고는 그를 향해 모로 누워 가만히 눈을 감는다. 순간 차르르륵 차르르 쏴쏴, 그가 물을 뿜어내는 소리로 또 내게 말을 걸어온다. 뭐가 그리 좋은지 즐겁게 웃는 그 옛날의 목소리들도 펌프 물소리에 섞인다. 60년도 더 되었는데.

『문학의집·서울』〈사물에게 말을 걸다〉 2022년 6월호

미안해요 아니 고마워요

　돌아보면 미안해할 일뿐이고 고마워할 일들뿐인 거 같다. 살아온 날들만큼 받은 사랑이 너무 크고 많아서 지금의 나도 사랑의 빚덩이란 생각이 들기 때문이다. 조실부모한 나는 특히 그랬다. 돌 달에 아버지와 세 살때 어머니를 잃은 천둥벌 거숭이에게 외조부모님은 그저 하늘이고 땅이었다. 그렇게 성장한 후 만난 아내와는 어둡고 세찬 밤바다를 일엽편주로 헤쳐 나가는 무모할 만큼 감당키 어려운 삶의 길이었다. 그러니 사랑한다는 말은커녕 생각조차도 할 여유가 없던 날들이었다. 태어난 딸아이에게조차 쏟거나 내어줄 사랑의 여유도 없었다. 아내는 아이를 친정에 맡기고 생활전선에서 밤낮없이 일했고

나 또한 그럴 수밖에 없었다. 하지만 그것은 고생도 아니었다. 그저 살기 위한 절박한 숨쉬기였기에 힘들다거나 고생된다거나 하는 그런 의식조차도 사치스러운 생각이었다. 그렇게 얼마나 살았을까. 그런 십수 년의 세월이 흐르고야 조금 숨을 돌릴 수 있었고 그제야 나도 아내를 바라볼 수가 있었다. 또 세월이 흘러 어느새 두 아이는 성장하여 결혼했고 결혼과 함께 딸아이 부부는 남미로 선교를 떠났고, 아들 내외도 미국으로 떠났다. 다시 세월은 흘렀다. 딸아이는 세 딸의 엄마로 아들은 두 딸의 아빠로 지금은 나와 가까이서 살고 있다. 어느새 큰손녀가 중학생이 되었고 막내도 초등학교 2학년이 되었다. 우리 부부는 다섯 손녀의 할아버지 할머니가 되었다.

표현하기를 잘 못 하는 나는 아내에게도 아이들에게도 살가운 말을 주지 못했다. 마음은 그렇지 않은데 늘 입이 문제였다. 남에게는 그렇지 않은데 내 식구에겐 그게 잘 안되었다. 그동안 아내와 나는 45년이나 함께 살았다. 문득문득 지난날들이 생각나 아내를 쳐다보면 거기 아내는 없고 70년의 삶을 지켜온 한 그루 나무만 있다. 이젠 가지도 튼실해 보이지 않고 이파리들은 노르스름해져 있다. 하지만 그 이파리 하나하나마다 살아온 삶의 날들을 저마다의 색깔로 말하고 있다. 어느 잎 하나도 그냥 된 게 없을 것이다. 한 잎 한 잎에 새겨져 굳어가는 삶의 역사가 인생의 가을바람에 흔들리고 있다.

어느 날 밖으로 나가는데 아내의 손이 잡혔다. 한데 내 손보다 거친 아내의 손, 그만큼 나보다 힘들게 세상을 살아왔음이다. 그러니 어찌 손뿐이겠는가. 눈가의 주름만큼 마음도 많이 상했을 것이고 서러움과 원망과 불편함은 더께가 되었을 것이다. 그런데도 지금에도 내 입에선 미안하다는 말도 고맙다는 말도 잘 안 나온다. 꼭 표현해야만 하느냐고도 하겠지만 안 하던 것을 하려니 그 또한 어색함 뿐이다. 그러니 사랑한다는 말은 몇 번이나 했겠는가. 사랑하지 않아서가 아니라 미안하지 않아서가 아니라 고맙지 않아서가 아니라 왜 입은 아내에게만 유독 소리를 밖으로 내보내지 못하는지 모르겠다. 손녀들을 보는 따뜻한 눈길은 넘치고도 넘치는데 내 입에서도 이쁘다고 사랑한다고 술술 말이 풀어나오는데 유독 아내에게만은 그러지 못한다.

어제 아내가 시골에 갔다. 아흔여섯의 친정아버지가 계셔서라고 하지만 사실은 나무 심기에 빠져 있다. 조그맣게 집을 짓고 뜰을 가꾸고 싶다는 아내에게 이 나이에 무슨 집이냐고 했지만 나무 심기는 막을 수가 없다. 가꾸기도 쉽지 않겠지만 심는 기쁨마저 막을 엄두는 못 낸다. 지난해에 이어 대추 대봉 목백일홍 명자나무 등 자신이 좋아하는 나무를 나무 시장에 가서 사다 심었다. 남은 땅에는 고구마도 심었다. 나는 시골 태생이어도 농사일엔 젬병이지만 아내는 놀이처럼 잘 해낸다. 그런데 아내가 없는 집이 이상하다. 나는 나대로 아내는 아내대로 집에 있어도 각자의 일을 하기 때문에 서로의 존재를 의식도 못 하는데 아내가 없는 집안은 영 신경이 쓰인다. 있어야 할 곳에 있어야 할 것이 있는 것 그게 평화고 안정이고 조화인 걸 왜 몰랐을까. 체면상 내 맘이 그렇다고 말은 못 하지만 아내는 내일 오후 늦게나 올 텐데 그때까지 잘 견뎌낼지 모르겠다. 하기야 새삼 오늘만 그런 건 아니다. 애써 그렇지 않다고 생각했을 뿐이다. 나이가 들면 아이가 된다더니 내가 벌써 그런 것 같다. 그만큼 아내와 나는 떨어져 산 시간이 별로 없이 45년이나 살아왔다. 아내가 손녀 보러 미국에 갔던 한 달여와 터키 여행 9일인가가 떨어져 있던 기간이니 잠시라도 같이 없으면 허전할 만도 하다. 하지만 그럼에도 아내에게 고맙다 미안하다 사랑한다 등의 표현은 안 나온다. 그래도 내일 아내가 돌아오면 내 이런 심정을 슬쩍 말은 해봐야겠다. 아마 콧방귀 뀌겠지만 말이다. 얼마나 더 같이 살지는 하나님만 아시는 일이지만 그래도 이제는 여유도 좀 생겼으니 그간 못 해 준 것도 해 주도록 해야겠다. 나무 심는 것도 도와주고 아내가 원하는 집도 한 번 생각해 봐야겠다. 못하는 게 아니라면 굳이 안 할 것도 없잖은가. 미안해요 아니 고마워요 내 마음의 소리를 아내는 알고 있지 않을까.

『주부편지』〈밖에서 온 편지〉 아내에게 보내는 편지. 2021년 8월호

어떤 마지막 인사

　오늘따라 하늘이 더 맑다. 봄을 맞은 하늘과 땅과 바다는 어쩌면 서로 반가움 반 어색함 반 당황함 반으로 만나는 것 같다. 그런 마음처럼 산길을 오른다. 산길이래야 얼마 되지도 않지만 왠지 숨이 차고 발도 느려진다. 마음 한 자락을 무언가가 자꾸 붙잡는 것만 같다. 하기야 벌써 4년이나 되었지 않은가.

　조심조심 발걸음을 옮겨 영면의 장소를 뚫고 지나 이윽고 어머니에게 이르니 웬 생뚱맞은 나무 하나가 내 키보다 더 크게 서 있다. 봉분은 기계총˚을 앓은 것처럼 헐어있고 비석은 새들이 쉼터로라도 쓰였는지 허연 잔존물로 덮여 있다. 순간 허망의 깊이로 다가오는 알 수 없는 낭패감, 이런 건 아닌데.

어머니 잘 계신가요? 한참을 낮아진 봉분에 눈을 주다가 주위를 둘러본다. 4년이나 깎아 주지 않았던 풀들은 자라고 시들고 다시 나서 자라고 시들면서 그동안 왜 오지 않았느냐고 역정을 내는 것 같다. 하지만 생각보다 변한 게 없는 것에 더 당혹해하다 어쩌지? 나에게 묻는다.

수해 전 아들과 이곳에 왔었다. 아들은 한 번도 뵌 적이 없는 할머니 산소의 벌초를 처음으로 같이 했다. 군대에 있었고 미국에 있었기도 했지만 여긴 나 혼자 감당할 몫으로만 생각했었다. 한데 이젠 나만의 문제가 아니었다. 그래 넌지시 물어봤다. 예상했던 대로의 반응이다. 그러려니 했지만 그래도 제가 할게요 할 줄 알았다. 하다가 힘들면 방법을 또 찾으면 되고 내가 없어지면 그땐 안 해도 될 것이다. 그런데 요즘 아이들은 그렇지 않다. 나는 부모님에 대한 그리움보다 자식이었다는 의무감 아니 아무것도 해 줄 수 없던 부모에 대한 유일한 섬김으로 직접 벌초를 해왔다. 처음엔 기계를 대는 것도 아니다 싶어 낫으로만 벌초를 했다. 하지만 서툰 낫질로 임무를 수행하는 것은 늘 능률도 노력도 기대 이하였다.

어떤 마지막 인사 85

그래도 그거라도 손수 해드린다는 자부심과 의무감으로 해 왔는데 어느새 나도 나이가 들며 기운도 그걸 거부하는 것 같았다. 그렇다고 사람을 사서 하는 것엔 더 마음이 동하지 않던 터라 아이의 생각을 앞당겨 알아본 것인데 역시였다. 가치 기준이 다른 요즘 애들 아닌가. 그렇다면 돌은 돌로 나무는 나무로 몸은 흙으로 자연스럽게 자연으로 돌아가게 해 주는 것도 좋다 싶었다. 자연은 사람이 들어가지만 않으면 순식간에 그들만의 세상을 만들어버린다. 파묘破墓해서 화장火葬을 하여 뿌려버리는 방법도 있지만 굳이 그런다고 그냥 놔두는 것과 뭐가 다르다는 것인가. 그래서 그다음 해로부터 찾지 않았던 것이다. 거기에는 나 또한 아무것도 남기지 않으리라는 약속이 전제된 것이었다. 그런데 아내와 함께 장인어른을 찾아뵈러 가는 길인데 새삼스레 그쪽으로 고개가 돌아갔다. 그래 그동안엔 어떻게 얼마나 변했을까. 아마 어딘지 찾을 수도 알아볼 수도 없게 풀숲으로 덮여 버렸겠지 생각했다. 아버지 산소를 예기치 않게 잃어버린 전력으로 봐선 충분히 그럴 거로 생각했던 것인데 정작 와서 보니 그렇지가 않아 오히려 당황한 것이다.

할아버지가 살아 계신 동안은 매년 전라도 무안 몽탄의 산소를 다니셨다. 거기엔 내 아버지와 할아버지의 부모님과 조부모님이 계셨다. 도시개발로 이장 공고가 난 것을 모르고 있다가 누군가가 알려준 소식에 황급히 문중 산이라지만 외지다 외진 곳에 급한 이장移葬을 했다. 한데 나무로 땔감을 하는 세상도 아니다 보니 사람이 산에 들어갈 일도 없어 있던 길도 없어지고 숲은 우거져 어디가 어디인지 방향도 잡을 수 없게 되었다. 할아버지는 큰손자에게 그 위급함을 몇 번이나 알리면서 도움을 요청했다. 하지만 가치 기준이 다른 손자와 할아버지의 마음은 평행이었고 급기야 할아버지가 돌아가신 것이다. 돌아가시기 이태 전 그곳에 다녀오셔서 고등학교 1학년이던 내게 푸념인지 하소연인지 나라도 들으라는 것인지 한숨 섞인 말씀을 하시던 기억이 난다. "인자 어디가 어딘지 길도 찾을 수 없어야. 넌출이 얼마나 우거져 쌌는지 질을 내서 안으로 들어가 볼 수도 없드라. 산소 다 잃은 것 같다." 그게 내가 들은 마지막 정보였다.

  수년 후 할아버지의 정보를 따라 살아 보지도 가보지도 않은 원적지原籍地로 갔다. 동네 어르신께 사정을 말하니 첫 마디가 이미 사람이 들어갈 수 없는 곳이라고 했다. 그래도 직접 확인해보고자 찾아가 봤다. 하지만 의구한 산천도 아니고 인간과 인연을 끊은 다른 세계로 변해 있었다. 그렇게 내 아버지의 산소를 잃고 말았다. 스스로 위로하기를 어차피 자연으로 돌아가신 것인데 해 버렸다. 그리고 어머니도 자의건 타의건 아버지가 그리된 상태에서 그렇게 놔버리면 되겠다 싶었다. 나는 아예 흔적조차 남기지 않을 심산이었다. 그런데 이리 마음이 흔들린 것이다. 내가 이미 합리화했던 양심이 가책 같은 동요를 일으켰다고나 할까.

흔적은 결국 남은 자들의 몫 아닌가. 가끔은 그걸 빌미로 모이고 조상의 뿌리도 생각하겠지만 그 또한 남의 이목이나 자기 위안이 적당히 짝짜꿍한 짓 같기 때문이다. 그래 내 마지막 인사는 남은 자들의 기억 속에나 있다가 사라지는 것이었으면 싶은 것이다. 어머니께 마지막 인사를 한다.

계간 『에세이21』 2022년 여름호

*기계총: 머리밑에 피부 사상균이 침입하여 일어나는 피부병인 '두부 백선(頭部白癬)'.

아름다운 사랑의 빛

『수필시대』가 100호를 맞는단다. 100호 참으로 대단하다. 4반세기의 세월이 흘렀는데도 그 첫 호를 준비하던 모습들이 눈에 선하다. 한데 그새 100호란다. 여기까지 오기에 얼마나 어렵고 힘들었을까. 필자를 선정하고 원고 청탁을 하고 그걸 받아 정리하고 편집하고 책을 만들어 일일이 보내는 일까지가 어느 것 하나도 만만치 않은 일들이다. 동병상련이랄까. 나도 같은 일을 해오면서 수없이 그만두고 싶을 만큼 힘들 때도 있었다. 하지만 내가 손을 놓는 순간 그 멈춤은 문예지엔 죽음이 된다. 살아있다는 것은 그렇게 손이 움직여지는 것이고 쉼 없는 수고가 있어야만 한다. 그러니 이 『수필시대』의

지령 100호 또한 그런 수많은 손놀림과 수고의 결실이다.

　40년을 수필과 함께했는데도 내게 수필은 아직도 여전히 시어머니 앞의 며느리 같다. 그저 조심스럽고 쓰면 쓸수록 더 두렵고 어렵다. 그러면서 편집자의 손을 멈추면 책이 죽어버리는 것처럼 내 손도 수필에서 쉴 수가 없다. 좋은 수필을 원하고 바라는 마음이야 누구에게도 뒤지지 않을 자신이 있지만 그것도 하늘이 허락해 줘야 하는 것만큼이나 어렵다. 무엇보다 내가 쓴 글이 독자의 마음을 움직여 공감하고 감동케 하는 것은 그야말로 하늘을 여는 일만큼이나 조심스럽고 두렵다. 한편 한 편의 그런 수필이 모아진 책이 활자로 독자의 눈을 즐겁게 해 준다면 거기서 무엇을 더 바라랴.

　오늘따라 비가 그쳤다 내렸다 한다. 어두운 하늘이 아니라 어딘가에 해가 떠 있는 듯 밝은 하늘이다. 그런데도 비가 쏟아질 때는 감당키 어려울 만큼 드세게 쏟아진다. 그러고 보면 먹구름만 비를 품고 있는 것은 아닌가 보다. 삶도 그렇지 않을까. 맑고 밝은 하늘 아래도 슬픔과 아픔이 있을 수 있고 어두컴컴한 하늘 아래서도 희망과 기쁨은 있을 수 있는 것 아니겠는가. 내 삶을 돌아봐도 그렇다. 내 어린 날을 얘기하면 어떻게 그 시절을 이겨냈느냐고 한다. 하지만 모든 것이 삶이 되는 거였다. 내가 의도하건 원하지 않건 밝은 하늘에서도 비는 내리고 어두운 하늘 아래서도 희망은 자라는 거였다.

어언 칠십 년 넘게 살아버린 내 삶에서도 어려운 기억보다는 감사한 기억들이 더 많다. 도저히 살아낼 수 없었을 것 같았는데도 이렇게 살아있으니 거기엔 바로 수많은 도움의 손길과 사랑이 있었다. 그러고 보니 내 삶의 구할은 그냥 사랑의 빚이었다. 그게 어찌 나 뿐이겠는가만 산다는 것은, 살아왔다는 것은, 그런 사랑의 빚 없이는 어림도 없는 거였다. 화분에 심어놓은 화초 한 그루도 내가 물을 준 것만으로 사는 것은 아니지 않는가. 단지 내가 건넨 작은 수고에 햇빛과 바람이 큰 사랑을 주어 키우고 꽃을 피게 한 것이었다.

수필은 살아온 삶이 문학이 된다. 그러니 살아온 그 삶에 부어졌던 헤아릴 수도 없는 사랑은 그냥 갚을 수 없는 빚일 수밖에 없다. 『수필시대』 100호 맞이 소식에 내 마음이 이리 흥분되는 것도 '우생마사'란 말처럼 물살을 거스르지 않고 그 물살을 타며 땅에 닿는 지혜로움과 인내가 빛나기 때문이다.

『수필시대』 100호를 진심으로 축하한다. 200호 300호로 더욱 빛날 날들을 소망하며 기도한다. 이만큼의 사랑들이 빚어낸 100호가 더욱 많은 사람 특히 수필을 사랑하는 이들에게 더 큰 사랑으로 베풀어지기를 바란다.

『수필시대』 〈수필의창〉 2023년 9·10월호 통권 100호 기념.

장례식장 신혼여행

 일생 중 가장 행복하고 아름다웠던 날을 들라면 어떤 날이 될까. 아마도 대부분의 사람들이 결혼식 날이라고 할 것이다. 세상에서 가장 아름다운 한 여자와 한 남자가 만나 일생을 함께하기로 많은 사람들 앞에서 약속하고 이는 내 사람이라고 공표하는 날이 아닌가. 그러니 어느 누구에게도 그날은 아름답고 행복한 날로 뜻깊은 날로 기억될 수밖에 없다. 그러나 나에겐 꼭 그런 날만은 아니었다.
 결혼식을 마치고 기념촬영을 하고 있는데 날아든 전보, 나를 키워주신 외할아버지께서 돌아가셨단다. 평생 가장 큰 소원이 내가 결혼하는 것을 보는 것이라고 하셨던 외할머니도 할아버지 때문에 결혼식에 참석할 수가 없었는데 내 결혼식이 끝나는 그 시간에 할아버지가 돌아가신 것이다.

멀리 목포와 광주에서 오신 이모님께서 서두르시자 웨딩드레스를 입었던 신부와 신랑인 나도 옷을 갈아입고 전라도 나주로 내려갔다. 그렇게 나의 결혼식 날은 신혼여행의 출발이 아니라 닷새간의 장례식에 상주가 되는 길이었다. 아내에겐 다음에 기회를 보아 더 좋은 곳으로 가자고 했지만 입에 풀칠하기도 어려웠던 때의 약속이 어디 가당치나 했겠는가. 결국 사는 동안 여행이야 여러 번 했지만 신혼여행 못 간 몫을 챙겨 간 여행은 없지 싶다.

나는 결혼식 사진을 보려 하지 않는다. 사진을 보면 지금도 얼굴이 화끈거리고 분이 삭여지지 않기 때문이다. 친구의 친구가 양복점을 하고 있어서 특별히 결혼 예복을 그곳에서 맞췄는데 결혼식 전날 늦게 옷을 찾으러 갔더니 분명 가봉할 때는 잘 맞던 옷의 팔이 한참이나 짧아져 있었다. 어찌해볼 수 없는 다급한 순간 그 팔 짧은 옷을 입고 결혼식을 치렀다. 너무 속이 상해 결혼식 사진을 보는 것조차 피해왔지만 어쩌다 그 사진을 볼라치면 그때의 민망함과 화가 다시 북받쳐 올라왔다.

결혼식을 마치고 기념사진을 찍을 때는 식장인 교회가 모두 정전이 되어버렸다. 결혼식 날엔 작은 상황 하나도 여러 가지 의미로 해석되는 것인데 하필 사진을 찍을 때 그렇게 정전이 된 것을 두고 내 결혼생활에 대한 어떤 불길한 그림자라도 보는 것 같아 찜찜하기 그지없었다. 팔 짧아진 결혼예복, 정전, 할아버지의 부음 등 우여곡절 속에 치러진 결혼식 후 나와 아내는 두 이모님을 따라 전라도 나주로 내려가 5일간의 할아버지 장례를 치렀다.

우리 부부는 어느덧 45년이나 잘 살아왔다. 다행히 결혼식 날의 여러 상황으로 우려했던 어떤 일도 일어나지 않은 채 오늘에 이르렀다. 하지만 세 가지 사건이 암시였을 수도 있을 만큼 참으로 어려움의 세월이었고 말로 다 할 수 없는 간난艱難의 시간들이었다. 그럼에도 지나 놓고 보니 어느 것 하나도 감사하지 않은 게 없다. 어려움 속에서 자란 남매 모두 결혼하여 제 몫들을 하고 있고 손주를 다섯이나 안았으니 나만큼 행복한 할아버지가 또 있을까 싶다.

조실부모한 내게 할머니는 내가 의지할 수 있는 유일한 존재요 힘이었다. "저놈이 초등학교 졸업하는 것이라도 보고 죽어야 할 텐데."가 6년간의 할머니 노래였고, "저놈이 중학교나

장례식장 신혼여행 95

졸업하는 걸 보고 죽어야 할 텐데." 하는 것이 그 후 3년 할머니의 노래가 되었었다. 중학교를 졸업하고 고등학교에 입학하자 "저놈이 장가가는 것만 보고 죽었으면 한이 없겠다."라고 노래가 바뀌었다. 그런 할머니의 염원 때문만은 아녔겠지만 나는 비교적 이른 나이에 결혼을 했다. 아무것도 준비된 게 없었지만 가정을 이루어야만 혈혈단신 의지가지없는 내가 그나마 안정이 될 것 같았다. 그런 할머니의 소원을 이루는 결혼식 날 그토록 소원 타령을 하시던 할머니는 정작 결혼식에 참석도 못 했다. 할아버지 곁을 떠날 수 없었기 때문이다. 할머니의 소원이 이뤄지던 그 시간에 할아버지가 세상을 떠나신 것이다. 당신이 그토록 염려하고 바라시던 시간에 할머니는 할아버지의 임종을 지키며 안타까움의 눈물을 흘리셨을 것이다. 그나마 위안은 결혼식이 끝나는 시간에 할아버지가 돌아가셨다는 것이다.

나는 사실 그때 결혼의 의미도 의무도 제대로 모를 20대였으면서도 혼자 힘으로 각박한 모든 것을 헤쳐나가야만 했다. 내게 결혼은 또 하나의 나를 더 책임져야 하는 하나가 아닌 둘의 고생의 시작이었는데 그 첫 시작조차 할아버지 장례식의 상주로 시작한 것이다. 물론 외숙이 계셨지만 어릴 적부터의 내 사정을 아시는 어른들이 나를 상주로 내세우신 것이었다. 지금 돌아보면 그 일조차도 내겐 사랑의 빚이었다. 결혼식이 끝나자마자 내려온 내 사정을 아신 어른들은 5일간의 장례 기간 동안 내내 신랑·신부인 나와 아내를 위해 갖은 편의를 다 보아주셨다.

엄하시기만 했던 할아버지에 비해 이미 큰딸과 사위에 큰 손자까지 다 보내버린 할머니는 단 하나 남은 핏줄인 나를 안타까움과 불안함으로 지켜보고 사셨다. 해서 당신의 모든 것을 희생하며 줄 수 있는 것이 있다면 무엇이든 다 주셨다. 그런 할머니셨기에 장례 기간 내내 혹여 외손자 내외가 힘들어 할까 봐 더 노심초사 전전긍긍이셨다. 그렇게 할아버지를 선산에 모시고 돌아오는 길의 나는 유난히 더 막막하고 안타까웠다.

지금 생각하면 그때를 시작으로 10여 년을 어떻게 살아냈는지 내가 생각해도 기특할 정도지만 만일 다시 그때로 돌아간다 해도 결코 그때처럼 살아낼 수는 없을 것 같다.

결혼한 1년쯤 후에 화재로 전소된 교회는 인근에 큰 교회로 다시 우뚝 섰다. 어쩌다 그곳을 지나다 보면 없어져 버린 그 교회가 생각난다. 청년들이 글자를 파서 붙이고 교회당 안을 아름답게 장식하여 내 결혼식장을 만들었던 일이며, 너무나 어려운 내 형편을 알기에 서로 의논하여 필요한 살림살이들을 결혼선물로 보내주던 사랑과 정성은 오랜 세월이 지났음에도 잊을 수 없다. 내 아이들도 모두 교회에서 결혼식을 올렸다. 결혼예식은 당연히 성스럽게 치러져야 하는 것이고 그래 의당 교회가 되어야 한다는 것이 내 지론이지만 지금처럼 크고 화려한 교회당이 아니라 작고 소담한 내 결혼식장 교회야말로 가장 아름다운 참으로 정과 사랑이 넘치는 식장이었다.

돌 달에 아버지를 잃고 세 살 때 어머니를 잃었던 한 아이가 장성하여 한 가정을 이루는 순간 그 결혼식의 사진 촬영 중 받았던 전보 한 통에 내려앉던 가슴, 그리고 황망하게 할아버지의 시신 앞으로 달려가던 마음은 겪어보지 않고는 짐작도 못 할 일이다. 하지만 아무도 경험해 보지 못할 장례식장에서의 5일간 신혼여행으로 할아버지와의 동거는 내가 할아버지께 드릴 수 있었던 마지막 선물이었다. 45년이나 더 지나버린 지금에도 생각하면 결혼식장에 서 있던 신랑 신부, 그리고 그날 맞은 황당함은 그래도 오늘의 나를 있게 한 의미 있는 출발점이었던 것이 분명하다. 가보지 않은 길을 떠나

는 설렘과 두려움의 발걸음으로. 그러고 보면 결혼은 오래갈 믿음으로만이 아니라 늘 결혼식 그날처럼 새로운 두근거림으로 새 믿음을 만들어가는 것이 아닐까 싶다. 어쩌면 내 신혼여행이야말로 가장 거룩하고 엄숙한 여행이었을 것 같다.

『계간수필』 2021년 여름호

내게 쓰는 유언장

　그동안 참으로 수고 많았네. 씨앗이에서 떨어진 목화씨 한 톨처럼 이 땅에 톡 떨어졌다가 돌 달에 아버지, 세 살에 어머니까지 잃고, 하나 있었다던 형은 얼굴도 못 보고 혈혈단신으로 세상에 남겨져 생명을 유지하며 이날에 이르렀으니 대견하고 가상하네.

　이십 대에 만난 아내와 남매를 낳고 키워 아들네 손녀 둘에, 딸네 손녀 셋, 다섯 손녀를 얻어 한 톨 씨앗이 열 한 식구를 이뤘으니 이 또한 대단하네.

　물론 예까지 오는데 얼마나 많은 어려움이 있었던가. 하지만 나 같은 의지가지 없는 사람이 이만큼 살아온 것은 가히

기적이랄 수 있으니 팔할 아니 구할이 도움의 삶이요 사랑의 빚 아니었겠나. 그러니 모든 것이 감사하고 감사할 뿐이지. 그래서 말이네만 이만큼 내가 온 것이 거의 다 사랑의 빚이라면 다는 아니라도 양심이 있다면 최소한 그 빚에 대해 갚아보려는 의지는 있어야지 않겠는가. 해서 나는 내가 세상을 떠날 때엔 남은 것이 자식 아닌 누군가에게도 나눠졌으면 싶네. 물론 다는 그렇게 할 수 없겠지만 아들과 딸에게 50% 그리고 나와 아내의 여명 생존 비용으로 25%를 쓴다 하고 사랑의 빚 갚기로 남은 25%라도 실천해 보고 싶네. 물론 나와 아내의 생존 비용 중 남는 것이 있으면 자식들의 처분에 맡겨야겠지만 그 또한 위와 같은 비율로 처리했으면 싶네. 다행히 연금이 조금 나오니 그걸로 기본생활은 될 수 있을 테니 생각보다 더 남을 수도 있겠네.

  책이 문제인데 서재를 새로 만드는 것도 그 이유라네. 우선 서재에 책을 제대로 정리하면 5~6년은 내가 열심히 잘 볼 수 있겠지. 그런 후엔 책들을 정리하겠네. 보존적 가치가 있고 문학적 가치도 있는 책은 그걸 필요로 하는 후배들에게 나눠주겠네. 그래서 그 가치가 유지되게 하고 내가 필요해 소장했던 일반적인 것들은 시간이 가는 대로 선별하여 없애도록 하겠네. 그래야 내가 떠난 후 자식들이 부담을 갖지 않을 테니 말일세. 시골에 있는 땅뙈기 조금은 내 사망 후까지도 남아 있게 되면 아이들이 알아서 하겠지만 가능하면 내 생에서 처분해서 쓰면 좋겠네만 그도 되어봐야겠지. 그리고 시신 기증이 가능하면 그것도 하겠네. 그렇게 남은 육신은 한 줌 재가 되어 훌훌 날려 보내면 좋지 않겠나? 내 그런 뜻을 자네도 이해하겠지? 사실 재가 된 육신을 그릇에 담아둔다고 해서 그게 무슨 의미가 있겠는가. 차라리 자연 속에 자연스레 스며들게 하는 게 더 낫지 않겠는가. 나나 아내 둘 중 하나가 운신하기 어렵게 되면 요양병원으로 가겠네. 그렇게 목화씨 한 톨처럼 툭 떨어져 세상에 내렸던 내가 그래도 한세상을 이만큼 가족을 이루며 살다가 가는 것이니 얼마나 큰 축복인가. 거기다 내 영혼은 하나님 아버지 기다리시는 천국으로 갈 것 아닌가. 그러고 보니 감사할 일들이 참 많네. 조실부모한 나를 키워주신 외조부모님 그리고 어머니를 대신해 사랑해주신 이모님, 고등학교 3년을 먹이고 지원해 주신 백숙부모님, 무엇보다 그 어려운 삶의 날을 이겨내며 함께 해준 아내, 너무도 어렵고 힘들어 제대로 부모 노릇도 해주지 못했지만 잘 자라서 예쁘게 가정을 꾸리고 다섯 손녀를 선물해준 두 아이,

그저 감사하고 고마울 뿐이네. 그리고 보니 한 생이라는 게 끝은 참 간단하군. 그런데 왜 그리들 아등바등 싸우고 욕심을 부릴까. 아무것도 가져가지 못하는 걸 알면서도 말일세.

사랑하는 아들아 딸아, 고맙다. 그리고 눈에 넣어도 안 아플 내 손녀들아 고맙다. 너희들이 있어서 참으로 행복했고 고마웠다. 삶의 맛을 알게 하고 맛보게 해준 너희들이니 내게는 은인들이다. 이제는 너희들 세상이다. 더 행복하고 아름다운 세상에서 더 크고 아름다운 꿈을 키워가며 멋지게 살다가 나중에 천국에서 만나자꾸나.

사랑하는 문단의 친구들 고맙네. 자네들이 있어 얼마나 의미 있는 삶이 되었는지 모른다네. 내 삶 속에 늘 든든한 성원자요 선한 경쟁자로 함께 하며 문학의 길을 가게 한 것이 내겐 크고 큰 축복이었네. 그리고 사랑하는 문단의 후배님들 더욱 문단을 발전시켜 주시게. 문단 선배라면서 크게 길을 내진 못했네만 그건 자네들 몫이기도 하네. 그러려면 소설보다 시보다 좋은 수필들을 많이많이 생산해 줘야 하네. 문학은 문학으로밖에 말할 수 없지 않나. 그대들의 힘이 바로 한국 수필문학의 미래가 아니겠나. 그리고 고맙네.

사랑하는 교회 친구들 그대들이 있어 신앙의 동반자로 힘들지 않게 믿음을 키워올 수 있었네. 유혹도 많고 시험도 많은 세상에서 나같이 어리버리 해서는 살아내기 힘들었을 텐데도 늘 믿음으로 함께 하며 의지가 되어주어 고맙네. 천국에서 기쁘게 만나세.

사랑하는 아내여. 평생 힘들고 어렵게 살아왔지만 그래도 만년에 이만큼 여유로움을 가질 수 있게 된 것은 오직 당신 힘이요. 그런데도 따뜻한 말 한마디 못 해준 것 같아 미안하기 그지없소. 마음은 그렇지 않은데 왜 그걸 말로 바꾸지는 못하는지 내가 생각해도 잘 모르겠소. 늘 퉁퉁거리기만 해서 미안하오. 한평생 나와 같이해 준 것은 내겐 가장 큰 축복이요. 사랑하오.

이렇게 대충이라도 인사를 했으니 자네와도 인사를 해야겠지? 고맙네. 인간 최원현으로 살아올 수 있게 해준 거, 그리고 그 어렵고 힘든 삶의 날들을 용케도 참고 이겨내며 여기까지 왔으니 자네야말로 위대한 승리자가 아니겠나. 내가 나를 칭찬하는 건 우습지만 그래도 나를 위한 박수도 치고 싶고 고맙다는 말도 하고 싶네. 고맙네 고마웠네. 사랑하네. 이렇게 자네와도 이 세상에선 이별이네.

『한국문인』 2020년 11월호 〈가상유언장〉

좋게 기억하기

첫인상이 중요하다는 것은 그 느낌이 오래도록 가기 때문일 것이다. 좋은 말이나 이름도 그런 것 같다. 꽃을 말하면서 나쁜 꽃, 미운 꽃이란 표현을 쓰지 않는 것처럼 사람을 볼 때도 좋은 면을 보면 좋은 사람, 좋은 기억으로만 남을 것이다.

오래전 일이지만 식구들이 한데 모여 이야기를 나누는 중에 한 사람 이야기가 나왔다. 작은아이가 "안경 쓰고 얼굴이 도톰하고 몸이 통통하신 분이요?" 하자 아내가 "응, 약간 다리를 절잖아." 하는 것이었다. 그러자 아이가 냉큼 "엄마는 어떻게 사람을 그렇게 약점 부분만 꼬집어 말하세요?" 하며 항의하는 게 아닌가.

깜짝 놀랐다. 나도 그렇게 말했을 것이다. 그게 사실이기에 아무런 부담이나 미안한 마음도 없이 아주 당연하게 그렇게 말했을 터였다. 한데 아이의 말을 들으며 참으로 부끄러웠다. 어찌 사람의 약점, 핸디캡이 그 사람을 대표하는 특징이 될 수 있으랴. 그가 듣질 않았기에 망정이지 우리의 대화를 들었다면 그는 얼마나 부끄럽고 서운하고 마음이 아팠을까.

그러고 보니 얼마 전 전철에서 옆자리의 모녀가 나누던 대화가 생각난다. 이제 유치원에나 다닐 나이의 여자아이였다. "엄마 엄마, 내 친구 있잖아. 웃으면 눈이 쬐끄매져서 더 귀여워지고 눈썹이 초승달 같은 애." "어? 누구?" "아참, 내 친구. 입이 커서 웃으면 하얀 이가 이쁘게 다 나오는 애 있잖아?" "아, 교통사고로 한쪽 다리가 짧아져 뒤뚱거리며 걷는 애 말이지?" 엄마의 말에 아이는 이내 시무룩해지더니 기분이 별로 좋지 않은 듯 말을 끊어 버렸다.

그럴 것이다. 아이는 자기 친구이기 때문에 그가 좋아하는, 아니 그에게 보인 좋은 부분만 기억하고 있을 터였다. 그러나 엄마는 그 아이를 보는 순간 그 아이의 신체적 결함이 먼저 눈에 들어왔고 그래서 예쁜 이[齒], 귀여운 눈 같은 건 눈에 들어오지도 않았을 터였다. 사람을 특징짓는 것도 보는 관점에 따라서 이렇게 달라지는 거였다.

　살아간다는 것은 수많은 사람과의 만남이다. 그 수많은 만남 속에서도 우린 더러는 좋은 기억으로 더러는 생각하고 싶지 않은 좋지 않은 기억으로 사람을 분류하곤 한다. 한 번을 만난 사람이라도 좋은 기억으로 오래 남을 수 있지만 좋지 않은 기억으로도 오래 남아 있을 수 있다.

　바쁘고 힘든 중에도 문득문득 떠오르는 사람, 자주 만나지 못하는데도 늘 함께 있는 것처럼 가까이 느껴지는 사람, 우린 이렇게 관계 속에서 살고 있다.

　나이가 들어가면서 어린 날의 일들이 그리워지는 것도 그때가 가장 순수한 관계의 때였기 때문일 것이다.

　초등학교 동창들이 1년에 한두 번 모인다. 60여 년의 세월을 흘러보냈음에도 이름을 대고 살던 곳을 대면 어렴풋이 떠오르는 얼굴, 그 어렴풋한 기억에 지금 내 앞의 얼굴을 겹쳐 보면 비로소 그가 누구인지를 알게 된다. 하지만 한 친구에 대하여만은 그 많은 세월이 흘렀음에도 감정이 사그라들지 않는다. 늘 패거리로 나를 괴롭히던 친구이다. 나는 혼자지만 그는 형제도 여럿이고 사촌까지 하면 열은 되었다. 그래 끄떡하면 내게 시비를 걸어오고 나를 못 살게 했었다. 그와 그

60년의 세월 후에 손을 잡으면서도 그 감정은 없어지지 않는 걸 느꼈다. 물론 그는 그런 걸 기억도 못 할 터였다. 그러나 나에겐 그 오랜 세월의 후에도 가슴 깊은 앙금으로 남아 있었던 것이다. 그러니 60년이나 지났음에도 그때의 원망과 서운함이 남아 있으니 어찌 다른 좋은 추억이 있었다 해도 생각이나 나겠는가. 문득 천양희 시인의 시가 생각난다.

젊다는 것은/ 가끔 길을 잃거나/ 막다른 골목에 들어서도/ 다시 돌아나올 수 있는/ 시간이 있어서 좋은 것이다//
지금 잠을 자면 꿈을 꾸지만/ 지금 공부하면 꿈을 이룬다고/ 누가 말했더라//
몸 전체로 살고/ 마음 전부로 도전하면 된다/ 청춘의 기록에/ 두 번은 없다(「푸른 봄의 기록」 중)

그렇고 보면 이 나이에는 돌아 나올 수 있는 시간도 없고 지금 공부한다고 해도 꿈을 이룰 수도 없을 텐데 내가 그에게 갖는 감정 아니 그가 내게 심어준 깊은 앙금 같은 것이 어찌 그와 나 사이에만이겠는가. 청춘의 기록에 두 번이 없는 것처럼 좋은 기억들을 얼마나 그 청춘의 시절에 나를 아는 사람들에게 심어주었을까.

사람의 욕심 중 자기를 기억해 주기를 바라는 마음이 가장 크단다. 그러니 사람은 살아 있을 때도 그렇겠지만 죽은 후에도 좋게 기억되는 사람이어야 될 텐데 영 자신이 없다. 이제라도 좋은 느낌, 좋은 인상, 좋은 기억으로 오래도록 가슴에 남아 있을 수 있는 사람이 되고 싶다. 그런 사람이 사랑받는 사람이 되지 않을까. 한데 이 좀생이 같은 나는 여전히 그가 아직도 용서 안 되니 어떡하란 말인가. 이달에 동창회가 있다는데 그땐 그를 보면서 내 안에 남은 앙금들을 훌훌 털어버릴 수 있을까. 그런 60년이 넘는 내 갈등을 그는 여전히 모르겠지만.

  마음이 굳어지고 메말랐을 때 자비의 소나기와 더불어 내게 오소서/ 삶이 우아함을 잃었을 때 샘솟는 노래와 함께 오소서/ 욕망이 헛된 생각과 미혹으로 마음을 눈멀게 할 때, 성스러운 이여, 언제나 깨어있는 이여. 당신의 빛과 천둥을 동반하고 나에게 오소서/타고르「기탄잘리 39」중라고 기도라도 해야 할까.

『계간시학』 2024년 겨울호

노을처럼 떠나신
만년 청춘 수필가 이숙 선생

한국수필가협회 영원한 사무국장 이숙 선생님이 가셨다. 세월무상歲月無常이란 말이 있지만 이렇게 선생님이 가셨다니 안타깝고 황망함에 죄송한 마음을 가눌 길 없다. 조경희 회장님과 그림자처럼 함께 하시며 한국수필을 위한 두 분은 둘이면서 하나였다.

조경희 회장님이 가시면서 이숙 선생님도 한국수필에서 손을 떼셨다. 조경희 회장님과 이숙 선생님 그리고 한국수필은 그야말로 하나였다.

몇 해 전 선생을 찾아뵈었었다. 노인정에 자주 가신다 하여 들러봤더니 며칠째 안 오셨다 한다. 어렵게 연락이 되어 선생을 뵙고 기거하시는 방에도 들어갔다가 네 번째 수필집 『노을처럼』2009도 주셔서 받아왔었다.

이사를 할 것 같다는 말씀을 하시는데 왠지 힘이 빠진 듯한 그 말씀을 듣는 순간 알지 못할 슬픔 같은 것이 가슴 가득 스며들어왔다. 무언가가 예견되는 말씀 같기도 했다. 그렇게 뵈온 후로도 가끔 전화를 주시며 늘 밥 사주겠다고 하셨는데 이젠 그 밥을 영영 얻어먹을 수도 사드릴 수도 없고 그런 전화를 받을 수도 없게 되어버렸다. 그러고 보니 2005년 『한국문인』 9·10월호에 선생님을 '작가가 있는 풍경'으로 찾아뵈었던 것도 기억난다. 그때만 해도 70대 후반으로 곱고 활기가 넘치셨다.

선생은 1926년 서울에서 출생하여 경성여자사범학교와 고려대학교 국문과를 졸업하고 초등학교, 중학교 교사 및 문교부 편수국 편수원을 거쳐 교감으로 퇴임하기까지 25년을 교육계에 계셨다. 한때 일본어학원 원장도 잠깐 하셨지만 퇴직 후론 줄곧 한국수필가협회 사무국에서 협회의 크고 작은 일을 해내며 조경희 이사장님과 남다른 정으로 오랜 세월을 함께 하셨다.

선생은 참으로 기억력이 좋으셨다. 한 번만 인사를 하면 이름과 얼굴을 단번에 기억해 버리는 대단한 기억력의 소유자셨다. 그렇지만 짐짓 무뚝뚝하셨다. 마음은 그렇지 않은데 필요한 말만 딱 하고 잘라버리거나 전화도 할 말만 하고 상대방의 기색도 알아차릴 겨를 없이 끊어버려서 오해를 받기도 하셨다. 하지만 그건 순전히 직설적이고 사실적인 선생의 성격으로 같은 말이라도 돌려 부드럽게 한다거나 하는 것조차 적성에 맞지 않았다. 그것이 그냥 그대로 선생의 성격이었다.

하지만 선생은 의외로 참 잔정이 많으셨다. 겉으로는 전혀 내색을 안 하면서 속으로는 '저이에게 무엇을 해줄까?' 무언가라도 주고 싶어 하셨다. 아주 작은 것 하나라도 살며시 손에 쥐여 주길 즐겨하셨다. 말은 쌀쌀(?)한 것 같으면서도 그 말 밑으로 잔잔히 흐르고 있는 따스한 정은 서운해지려는 마음을 어느샌가 사르르 녹이곤 했다. 선생만의 특별한 사랑법이었다. 중요한 일이 몇 개씩 겹쳐 웬만하면 한둘은 포기할 만도 한데 선생은 그러지 못했다. 그것도 당신 성격이었다. 그래서 때로는 실컷 애쓰고도 서운한 말을 듣기도 했다. 그런 선생을 옆에서 보아오면서 그건 선생이 삶을 참으로 진솔하게 사시는 때문이란 생각이 들었다. 너무 감정에 솔직하다고

나 할까? 하기야 상대를 진실되게 믿기에 그럴 수도 있을 것이다.

선생께선 수필집으로 『유정』1968, 『내 영혼의 무지개』1980, 『아름다운 조건』1990, 『노을처럼』2009을 내셨다. 그리고 통일문학상, 국제예술상, 제11회 한국수필문학상을 수상하셨으며 한국수필가협회 창립 50주년을 기념한 한국수필공로상도 수상하셨다. 선생은 한국수필가협회 사무국장 및 상임이사로 있으면서도 인천 예총, 인천문화원, 인천문인협회, 인천여류문학인회 등 인천지역 문화에서 빼놓을 수 없을 만큼 오랫동안 인천문학의 중심에서 활동하셨다. 그만큼 선생은 활동력이 왕성했고 놀라운 저력이 있었다. 어디서 그런 힘이 나오는지 궁금할 정도였다.

선생께서 가고 안 계신 지금 새삼 선생을 생각한다. 선생을 찾아뵙던 날 밖으로 나오시겠다고 하셨는데 좀처럼 나오지 않으셨다. 한참 만에 나오셨는데 밝은 분홍빛 옷에 빨간 립스틱을 바르고 나오셨다. 아흔도 한참 지나신 분인데 그러셔서 내가 짓궂게 "화장하시느라 늦으셨군요?" 했더니 "그럼, 나도 여잔데." 하셔서 한참 웃었었다. 여성은 언제건 아름다움을 갖추고 지녀야 한다는 말씀 같았다.

아름다운 것의 저 밑바닥에는 순수하다는 것이 자리 잡고 있을 것이다. 아름다운 것은 변할 수 있을까? 아름다운 것에 대한 인간들의 무한한 욕망과 느낌은 어쩌면 그 본질은 변하지 않을 것이다.(수필 「영원한 보석」 중)

맞는 말씀 같다. 그러면서 그윽이 우릴 쳐다보던 그 눈빛도 기억난다. 무언가를 기다리고 있는 것 같은 그 자세, 그 표정, 그 눈빛은 남은 날들에 대한 그 어떤 기다림 같기도 했다.

'나에게 있어 기다림은 삶 그 속에 존재하는 것이 아니라 기다림이 있어 나의 삶이 뜻깊은 것'수필 「기다림」 중이라는 말씀인가.

선생께선 2023년 2월 16일 97세를 일기로 우리 곁을 떠나셨다. 2월 19일일 한림대동탄병원 장례식장을 떠나 함백산추모공원에 잠드신 선생님, 당신께서 기다리던 영원의 세계가 기대했던 것이었을까. 선생과 함께 찍었던 사진을 꺼내 본다. 잔잔한 그 미소처럼 선생은 그렇게 늘 우리 곁에 계실 것이다. 선생의 마지막 수필집 제목인 노을처럼.

『한국문인』 2023년 4월호 〈이숙 선생님 추모〉

chapter 3.

통한다는 것

어떤 눈물
통한다는 것
놓친 열차는 아름다울 수 없다
그날 그 맛
어떤 소리에 대하여
나의 연필 사랑
수필문학 큰 선생님
얼마나 그리웠으면
영원한 동심 채봉(丁采琫) 형을 그리며
한국 수필문단을 만드신 월당 조경희 선생

어떤 눈물

　벌써 14,5년 전이다. 한 방송사가 47주년 특별기획이라며 보여주던 다큐멘터리는 참 충격적이었다. 우연히 채널을 돌렸다가 보게 된 프로였는데 지금도 장면들이 눈에 선하다. 지구 온난화로 사냥터를 잃어가는 북극곰의 눈물, 빨리 녹아 사라져버리는 작은 유빙流氷에 갇힌 바다코끼리, 사라지는 툰드라에서 이동하는 순록 떼의 모습은 결코 아름다운 영상이 아니었다. 하지만 그때만 해도 그럴 수도 있겠다 정도로 그리 심각하게 생각지는 않았다. 하지만 최근 우리나라에서 일어난 기후 현상에 그 프로의 내용을 연관하여 보니 짐짓 가슴이 서늘해진다.

2018년 여름엔 서울의 기온이 40도까지 올랐었다. 2020년 여름에는 55일간이나 중부지방에 장마가 계속되었다. 지난해 3월엔 경북 울진에서 열흘간이나 산불이 지속되었다. 8월에는 강남지역에 엄청난 폭우가 쏟아져 강남역 일대가 다 침수되었다. 금년 들어서도 엄청난 폭우로 전국에 엄청난 피해가 났고 사상자가 많이 생겼다. 뿐인가. 요즘 날씨를 보면 연일 최고 온도를 갱신하고 있다. 오죽했으면 도전 정신을 배우러 온 세계 잼버리 대회를 취소하고 종료할 정도인가. 이건 보통 문제가 아니다. 알래스카가 녹아 물이 범람하는 모습이 뉴스에도 나오고 있다. 전 세계가 이상기온으로 펄펄 끓고 있다.

　　이것은 단순한 현상으로 보기 어렵다. 물론 환경적 시설의 배수 설계 등 잘못도 있어 사상자가 생길 수는 있겠지만 이렇게 많은 비나 기온 상승은 사람이 어찌해 볼 수 없는 자연현상이 아닌가. 국내뿐 아니라 파키스탄에선 무려 3개월이란 긴 홍수 대홍수로 영토의 1/3이 잠겨 1천7백 명이 사망했고 3천만 명이 수해를 입었다고 한다. 이러한 이상 기후는 물 부족을 낳아 흉작을 만들어 식량 위기로 많은 사람들을 죽게 한다. 기후 위기가 사회 위기와 경제 위기를 만드는 것이다.

　　지난해에 우리 문인들도 나무 심기에 나섰었다. 지구 온난화의 원인이 온실가스와 숲의 파괴에 있다는 인식에서였다. 온실가스는 지구로 들어오고 나가는 복사에너지의 균형을 깨트리는데 제조 교통 난방 등 인간 활동의 결과로 생겨나는 것들이다. 산업혁명 전 수천 년 동안은 자연적 순환과 균형이 이뤄지던 것이 인류의 생활환경이 과학 문명 편의주의화 하면서 산업화의 발달은 지구의 위기를 가져온 것이다.

캐나다 남부 리턴 지방의 50도라는 100년 만의 최고 기온이나 미국 서부 데스밸리의 56도라는 140년 만의 폭염, 동토凍土인 러시아 모스크바가 35도를 기록하는 등 기후 이상은 2021년의 지표면 온도가 16.73도로 142년 관측 이래 최고가 되게 했다.

뿐인가. 호주에선 6개월이나 산불이 나서 우리나라 면적의 83%에 달하는 산림 면적이 불타버렸고, 북극 온도는 최근 10년 새에 1도나 상승하여 바다 수온 상승으로 플랑크톤이 다 죽는가 하면 천년을 유지해 왔던 해수면이 최근에는 45분마다 축구장 면적만큼 침수되어 2050년이면 방글라데시 국토의 17%가 침수될 것이라 한다.

이제 전 세계는 이런 기후 현상으로 심각한 가뭄과 사막화에 영구 동토凍土의 해빙으로 고대 냉동 바이러스를 부활시켜 코로나19 이상의 팬데믹이 예상된다. 이러한 기후 및 기상이변으로 동식물이 멸종될 수 있고 사람도 거기서 예외가 될 수는 없다고 한다. 그래도 나이 든 우리야 어찌 살다 죽는다고 해도 우리 후손들은 어쩌란 말인가. 지구상에서 없어져 버린 멸종동물이나 식물처럼 우리 후손들이 그렇게 되도록 해선 아니 되지 않겠는가. 그럼 무엇을 어떻게 해야 한단 말인가.

크게는 이런 재앙이 오지 않도록 세계가 함께 위기감을 갖고 대처하는 일이 급할 것 같다. 온실가스를 줄이고 재생에너지의 사용을 늘리는 국제적 협력이 우선되어야 할 것이다. 사계절이 아름답던 우리나라도 봄은 2주로 줄어들었고 가을은 채 사흘도 안 된다는데 무어라도 해봐야지 않겠는가. 모든 것이 산업화의 결과라면 최소한의 불편은 감수하는 자세가 필요할 것 같다. 무엇보다 버려지는 것을 줄이려면 새것을 줄이고 재사용을 늘리며 친환경 기업, 친환경 정책에 힘을 보태주는 것도 솔선해야 할 것 같다. 잘 먹고 잘 쓰고 더 편하게가 가져온 오늘의 이 현상은 부메랑이 되어 돌아왔다.

100년 후의 우리 후손들을 생각하면 눈앞이 캄캄해진다. 얼어서 눈으로 내려야 할 수증기가 온난화로 비가 되어 내리면 빙하는 더 빨리 녹을 수밖에 없다. 난방·온실·탄소배출 증가는 우리를 죽이는 마약 같은 것이다. 오늘 내가 한 행동들 하나하나를 돌이켜본다. 안 해야 할 것 고칠 것을 먼저 생각하고 나무를 심던 마음으로 지구환경을 푸르게 만들어 우리의 미래 우리 후손들이 잘 살아갈 수 있도록 내 눈물 어린 줄임과 고침과 막음이 필요할 것 같다. 자꾸만 오래전에 보았던 북극곰의 눈물이, 바다코끼리의 슬픔이, 툰드라에서 이동하는 순록들의 모습이 눈에 어려 나도 모르게 눈물을 머금게 한다. 지구의 위기는 곧 나의 소멸이 아니겠는가. 지금 나는 무엇을 어떻게 해야 할까. 결코 그냥 넘어갈 일이 아니잖은가. 무언가라도 해야 할 것 아닌가. 자꾸만 북극곰의 눈물이 눈앞을 아른거린다. 지금 바깥 온도는 37도란다.

『문학의집·서울』〈지구의 눈물〉 2023년 2월호

통한다는 것

　　어제부터 왼쪽 어금니 쪽에서 통증이 느껴졌다. 참다가 오늘 치과에 갔더니 첫마디가 어떻게 이렇게 몸을 무리했느냐고 했다. 한의사도 아니고 내과의사도 아닌 치과의사가 할 말은 아닌 것 같았다. 그런데 아프다는 곳을 마취하면서 조금 있어 보라고 했다. 한데 아프던 그쪽이 마취로 통증이 가라앉자 반대로 오른쪽이 아파왔다. 오른쪽 왼쪽 모두 다 아팠던 것인데 더 심한 왼쪽의 통증만 느꼈을 뿐이라 했다. 덜한 쪽은 심한 쪽에 묻혀 나타나질 못했던 것이다. 결국 내 몸 상태가 전체적으로 많이 안 좋다는 것이다. 통증이 심한 한쪽을 잠재우니 가려져 있던 다른 쪽 통증이 나타나는 것은 당연한 것 아니냐고 했다. 몸이 힘들면 잇몸에 나타난다고 했다. 듣고 보니 맞는 것 같았다. 우리 몸은 각각이 별개가 아니라 연결된 유기체인 것의 실증이었다. 손가락만 아파도 몸 전체가 불편해지지 않던가. 어쩌면 삶 또한 그럴 것이다. 혼자서 독불장군으로는 살아갈 수 없는 이치와도 같다. 이가 아픈 것이 이 때문이 아니라 전체적인 몸의 건강 균형이 깨어져서라는 사실을 칠십이 넘어서야 깨닫는 이 우매함어리석음을 어쩌란 말인가.

무조건 잘 먹고 잘 쉬란다. 그래야 부실한 잇몸의 통증도 잡을 수 있단다. 바보스럽게 통증을 참으려 하지 말라고도 했다. 진통제를 줄 테니 아프면 먹으라고 했다. 그래서 약이 있는 것 아니냐고 했다. 가만 생각하니 아닌 게 아니라 요즘 내 몸의 컨디션이 아주 좋지 않았다. 다리는 다리대로 팔은 팔대로 눈은 눈대로 이는 이대로 몸이 조금 피로하다 느껴지는 순간 입술이 부르터 올랐다. 이쯤 되면 건강의 리트머스 검사지다. 그냥 증상의 결과를 보여주는 계기판 같다고나 할까. 몸으로 하는 일은 쉬면 금방 회복되었다. 한데 지금 내가 하는 일은 거창한 것도 아니면서 참으로 사람을 힘들게 하는 것들이다. 첫째 원인은 내 능력의 문제다. 뱁새가 황새걸음을 걷는 격이어서다. 잘 보이려거나 그렇게 하려 해서가 아니라 시간에 쫓기다 보니 폭 좁은 걸음인데도 무리하게 보폭을 크게 한 것이 너무 벌어져 가랑이가 찢어질 지경이 된 것이다. 60마력짜리를 100마력처럼 속력을 내려는 내 조급함이 문제도 된다. 쉬면 큰일 나는 줄 알고 지금 안 하면 안 되는 줄 아는 내 성급함이고 옹졸함이다. 마음도 여유가 없는 것이다. 숨이 가쁘면 숨부터 안정시키며 가다듬어야 하는데 그것도 못 하면서 가속도 붙은 속도도 못 줄이는 것이다. 더 큰 문제는 최소한 나만의 퀘렌시아도 갖지 못하면서 그것이 조정할 수 없는 현실이라고만 생각한다는 것이다.

신장에 이상이 왔다고 했다. 잡곡밥을 먹지 말고 운동도 심하게 하지 말라고 했다. 다른 진료과에선 혈압도 높아졌고 당도 있으니 잡곡밥을 먹고 운동도 열심히 하라 했다. 그런데 신장에 이상이 왔다고 하니 하라던 걸 다 하지 말란다. 이것으론 해야 하고 저것으론 하지 말아야 한다는 이 모순 같은 괴리감, 모두 내가 자초한 일들이다. 손에 오장육부의 기능이 다 나타난다거나 발에서도 다 나타난다는 한의사의 말을 들으며 신기하다 했는데 오늘은 치과의사로부터 듣는 이 말이 처음엔 생경했으나 찬찬히 생각하니 맞는 말이었다. 내가 불쑥불쑥 화를 내는 것이나 표출시키진 않았다 해도 못마땅하다고 생각하는 것들도 내 몸의 어느 부분이 불편해서 생기는 현상이요 증상이 아녔을까 싶다.

　내 몸은 신장결석으로 두 번이나 수술을 받았었고 허리 디스크로도 두 번의 수술, 백내장으로 두 번 수술, 그 외 허리 때문에 받은 몇 번의 시술에 초음파쇄석기로 체질적으로 생긴다는 결석을 꺼낸 것도 여러 번이고 본래의 내 이[齒] 아닌 것이 이미 12개나 되니 불쌍한 내 몸이 아닐 수 없다. 지금은 잘 보이지도 않을 만큼 작은 구멍 하나 내고 신장결석 수술도 하는데 40여 년 전에는 배 중앙에서 허리둘레까지 전체를 갈라 수술을 해서 여름에 해수욕장에라도 가면 보는 눈들이 놀라곤 했다.

　언젠가 한의사가 그렇게 삼팔선처럼 온몸을 둘로 갈라놓았으니 위아래가 서로 통할 수 없지 않겠느냐며 혀를 끌끌 찼다. 발이라도 따뜻하게 해주라 했다. 겨울엔 모자라도 쓰라 했다. 자연적으로는 통할 수 없으니 그렇게라도 해줘야 그나마 몸도 통한다고 했다. 균형을 이루며 서로 통하게 하는 것이 무엇보다 중요하다 했다. 남남이었던 부부도 오래 함께 살다 보면 식성도 성격도 서로 닮아간다고 한다. 심지어 얼굴도 닮아간다고 한다. 늘 마주 보는 얼굴, 목소리, 식성들이 모난 것들도 둥글둥글하게 만들어 닮아지게 한다는 말이겠다. 그래서 '그거 어디 있어?' 하면 '저기.' 하고 바로 답이 나오는 소통의 신기함도 바로 그런 통함이 아닐까.

어린 날 마을 앞 냇가에 나가 빨래를 하던 엄마들이 갑자기 일어나 집으로 뛰어가는 걸 보았다. 집에서 아이가 깨서 배고프다고 울고 있다는 것이다. 젖이 운다고도 했다. 엄마와 아기는 그렇게도 소통이 되었다. 할머니께서 전화를 주셨다. 별일 없느냐고 하셨다. 자꾸 꿈에 보인다고 했다. 그때 나는 심한 몸살감기로 밥도 못 먹고 있을 때였다. 나를 위해 늘 염려하고 기도하시던 할머니는 그렇게 손자와 소통을 하셨다. 거리는 관계없었다. 천 리 타향에 있어도 통하는 건 통하는 거였다. 세상의 모든 것은 다 통해야만 아니 통하는 것이었다. 한데 요즘에는 그런 통함이 보이지 않는다. 사람도 자연의 일부이기에 자연의 울림 떨림 경고를 들을 수 있고 느낄 수 있다고 한다. 하지만 우린 문명이란 이름의 기계적인 것들만 더 의지하고 신뢰한다. 그러다 보니 자기 몸의 고장 신호도 듣지 못한다. 신음소리도 듣지 못하고 아파하는 것도 느끼지 못한다. 바람이 실어다 주는 향기도 맑은 산골 물소리는 더 어림없다. 들을 생각도 느낄 생각도 안 한다. 다 잃어버렸고 놓쳐버렸고 의식조차 하지 못했다.

치과에서 내 몸의 상태를 들으면서 세상과 연결되어 있는 나, 살아있는 모든 것들 속의 한 부분인 나를 비로소 바라본다. 통한다는 것은 내가 먼저 보고 듣고 느끼려 할 때 내게로 와지는 선물일 것 같다. 눈도 마주쳐야만 보고 느낄 수 있으니 말이다. 창밖에서 이팝나무가 하얀 이를 드러내고 활짝 웃고 있다. 맞다. 그도 나와 소통하자는 거다. 그래 고맙다. 나도 같이 웃어준다. 세상은 다 이리 통하는 것이거늘. 갑자기 내 몸 구석구석에서도 으라라차 기지개 켜는 소리가 들려오는 것 같다. 이만큼에서라도 내 몸이 비로소 통한 것일까.

『월간문학』 2023년 7월호

놓친 열차는 아름다울 수 없다

―아차차

 오늘은 정말 이상한 날이다. 아까는 사람 많아 다음 차 탄다고 보내더니 이번엔 멀거니 바라보면서 놓쳤다.
 아침 시간엔 전쟁이 따로 없다. 발 한 짝만 올려놓고 몸을 돌리면 일단 자리가 확보되고 차 문은 닫힐 텐데 이 시간대는 그조차 어렵다. 출근 전쟁이란 말이 틀린 말이 아니다. 나는 한 정거장만 가면 갈아타는 것인데도 그 한 정거장조차 차를 못 타 이러니 집중되는 이 시간대야말로 전쟁터 아닌 전쟁터이다.
 나는 월, 화, 목에는 강의를 위해 이 시간에 차를 타야만 한다. 너무 복잡해서 조금 늦춰보기도 했는데 그러면 수업 시간에 너무 급박하게 도착한다. 하니 이 시간이 내게도 꼭 필요한 시간이다. 남들도 마찬가지일 게다.

문제는 이번에는 꼭 타야 했는데 왜, 무슨 생각으로 발이 묶여버렸는지 모르겠다. 내리는 사람들을 위해 잠깐 내렸다 타는 사람들까지 내 앞에서 다시 타는 것을 보면서도 아니 나와 같이 줄을 서 있던 사람들이 잽싸게 올라타는데도 나는 순간 멍 상태가 되어 있다 문이 닫힐 때야 마음이 급해졌지만 이미 문은 닫히고 있었다.

이런 일이 오늘만은 아니다. SRT편으로 광주에 갈 때도 나는 1시 15분 광주행 차였는데 왜 1시 30분 목포행 시간을 보면서 내 차를 놓쳤는지 모른다. 1시 14분, 아차 하며 일어나 뛰어가 봤지만 눈앞에서 차는 떠나고 있었다. 참으로 알 수 없는 일이었다. 내 차 시간을 알면서도 왜 다른 차 시간을 보고 있었을까. 내 고향으로 가는 차란 생각에서였을까. 저걸 타면 고향으로 가겠구나 그런 생각을 했던 것일까. 우리는 그렇게 살면서 아차차 하고 놓쳐버린 안타까움이 적지 않다.

어떤 좋은 기회가 왔는데도 뜸들이다 놓쳐버리거나 너무 생각을 많이 하다 결정의 때를 놓쳐버린 때는 또 얼마나 많았을까. 나는 아내가 투자해보자고 하던 것을 두 번이나 따르

놓친 열차는 아름다울 수 없다 129

지 않아 지금까지도 공박을 듣고 있다. 그냥 아내 말을 듣기만 했어도 대박은 아니라도 지금보다는 분명 많이 여유로운 형편과 환경에 있을 텐데 '그까짓 것'했다가 놓쳐버렸던 것이다. '아차차'는 후회다. 안타까움이다. 뒤늦은 깨달음이다. 돌이킬 수 없는 일일 때 하는 말이다. 잘못하거나 실수했을 때 내는 단말마의 말이다.

지금은 고인이 되신 S 교수님의 수필집에 『놓친 열차는 아름답다』는 게 있다. 하지만 결코 놓친 열차는 아름다울 수 없다. 아쉬움이고 억울함이다. 오늘 내가 놓쳐버린 전철도, 지난번 놓쳐버린 SRT도 결코 내게는 아름다울 수 없는 기억이다. 버거운 삶의 행로에서 그때 그 순간을 놓친다면 나까지 잃어버리기 쉽다. 그리고 정말 회복하기 어려운 힘든 시간 아니 너무 먼 길을 돌아와야 할 수도 있다. 그러나 아쉽게 놓쳐버린 것이 복이 된 경우도 있었다. 간발의 차이로 전철을 놓쳐버렸다. 다음 열차는 10분 후였다. 무료하게 다음 차를 기다리고 있는데 누군가가 나를 자꾸 살피는 것 같다. 내가 고개를 돌려 쳐다보자 눈이 마주쳤다. "혹시 원현이?" 하고 말끝을 흐린다. "저 아시나요?" 했더니 "원현이 맞네." 하는 게 아닌가. 상수는 내 중학교 동창이다. 50년도 넘은 만남이다. 서울 사는 게 아니고 광주에서 서울에 일 보러 왔다가 일이 일찍 끝나 지금 내려가는 길이란다. 참으로 소식이 궁금했던 친구다. 어떻게 어디서 사는지 꼭 한 번은 만나보고 싶었다. 시골 중학교를 졸업하고는 우린 만날 수가 없었고 나는 중학교를 졸업하면서 서울로 와버려서 더더구나 소식조차 듣지 못했다. 아니 중학교 동창 소식은 거의 모른다. 그런데 차를 놓친 덕에 이 친구를 만난 것이다. 살다 보면 이렇게 잘못된 것이 오히려 잘된 일이 되는 수도 더러 있지 않던가. 그 친구와의 만남도 그랬다. 그렇고 보면 고사의 전화위복이니 새옹지마니 하는 말들이 우리 삶 속에서도 가끔은 있는 일 아닌가. 아차, 아차차, 실수 같아도 좋은 일을 불러오는 계기가 될 수도 있음을 생각한다면 결코 미워할 수만은 없는 말일 것 같다. 그리고 보니 아차차 오늘이 원고 마감인 걸 깜박했다. 이것도 병은 아닐까.

『수필문학』 2019년 9월호

그날 그 맛

―술과 예술

　미국에서 온 후배 문인이 아주 좋은 술이라며 선물을 내놓았다. 내가 술 좋아할 것 같아 보였느냐고 했더니 대개 한 잔씩은 하지 않느냐면서 작가는 더욱 그러지 않느냐고 했다. 주는 선물을 고맙다고 받아오면서 문득 술이라는 말에 어린 날의 한 시점으로 기억이 모아진다. 아마 중학교 1학년 때쯤이었을 것 같다. 농사 거리도 안 되는 밭뙈기에 무얼 심는 날이었는데 동네 어르신이 그 일을 돕겠다고 했다. 그러면서 막걸리나 한 잔 주쇼 했다. 할아버지가 내게 술 심부름을 시키셨다. 산 고개 하나를 돌아가야 하는 만만치 않은 거리였다.

주전자를 들고 주조장까지 술을 받으러 갔다. 그땐 왜 사러 간다고 하지 않고 받으러 간다고 했을까 그것도 의문이다. 술 한 주전자가 그렇게 무거운 줄 몰랐다. 오른손에서 왼손으로 왼손에서 오른손으로 그러다가 두 손으로 함께 받쳐 들기도 하며 가는 발걸음이니 얼마나 더뎠을까는 상상이 될 것이다. 힘은 들고 땀이 나고 목도 탔다. 잠깐 길가 나무그루터기에 앉아 쉬다가 주전자를 숙여 한 모금 빨아봤다. 정확히 무슨 맛인지는 알 수 없는 맛이 목구멍을 타고 흘러 들어갔다. 물론 집에서 할머니가 술을 담그며 손가락으로 맛을 보는 걸 보며 나도 따라 하긴 해봤다. 그런데 그때의 맛과는 조금 달랐다. 좀 더 단 것 같기도 하고 톡 쏘는 맛도 있었다. 그렇게 한 모금 또 한 모금을 맛보고 주전자를 드니 신기하게도 기운이 나는 것도 같았다. 하여간 그날 내가 어떻게 집에까지 왔는지 모른다. 내 옷 여기저기 술이 묻어있는 걸로 봐서 참 애를 많이 썼던 것은 분명하다. 그게 시발이었을까. 술 심부름을 할 때마다 슬쩍슬쩍 술맛을 보았던 것 같다.

조실부모한 덕에 아버지에 대해선 아는 게 없지만 큰아버지 작은아버지는 사업을 하면서 일이 잘 안 풀리면 술을 많이 드셨던 것 같다. 큰아버지는 큰어머니 친정인 진도 쪽으로 여행을 가셨는데 갑자기 복통이 일어 병원에 가서 사진을 찍어보니 위가 오래 쓴 행주 같더란다. 그렇게 돌아가셨는데 그러니 가실 때까지 밥은 못 먹고 술로만 사셨던 것 같다. 작은아버지도 술 때문에 돌아가셨다. 그래서는 아니지만 우리 형제들은 모두 크리스천이 되어 술을 먹지 않는다.

가끔 글을 쓴다면서 술도 담배도 않고 무슨 글이 나오겠느냐는 말을 듣곤 했다. 그래서 신통찮은 글만 쓰는지는 모르지만 불편함이나 억울함은 없다. 그러니 남들 같은 술에 얽힌 그럴듯한 일화도 없다.

지난 8월 생각잖게 백두산을 가게 되었다. 중국의 어느 휴게소에서 쉬는데 일행 중 하나가 소풍 때 메고 가던 물통 같은 술을 사서 마시고 있었다. 끈 달린 술병이 맘에 들었다. 해서 그걸 몇 개 사다 선물하면 좋겠다 싶어 사려 했더니 가이드가 말려 기회를 놓쳤다. 돌아오기 전날 가이드가 휴게소에 들어가는 걸 보고 따라 들어가 세 개를 사서 둘은 선물하고 하나는 두었는데 보니 몽골산으로 무려 60도였다. 집에 손님이 와서 그 얘길 했더니 그걸 보자 해서 약하게 칵테일을 해 먹으니 향도 좋고 맛도 좋다고들 했다. 값도 우리 돈으로 오천 원 정도였던 것 같은데 즐거운 시간이 되었다.

사람들은 왜 술을 마실까. 이유는 참 많을 것도 같다. 기분 좋게 마시면 좋은 일이겠으나 술이 사람을 망치거나 술 때문에 가정이 깨지기도 하니 요물일 수도 있겠다. 선물 받은 저 술을 어디에서 좋게 써야 할지 숙제 거리가 생겼다. 선물로 받은 것인데 그냥 아무에게나 줘 버리는 것은 예의가 아니고 그의 선물이란 것도 알리며 좋은 때에 써야겠는데 말이다.

문득 "인생은 온갖 은유로 가득 차 있고 해석은 각자의 몫이다."라던 최근 본 드라마 중의 대사가 생각난다. 좋게 생각하는 사람이 있는가 하면 그렇지 않은 사람도 있기 마련이다. '술'이란 말만 들어도 경기驚氣를 하던 지인도 보았다. 아버지가 평상시엔 참으로 좋은 사람인데 술만 들어가면 완전히 딴 사람이 되어버렸다고 했다. 사실 술은 인간의 생존에 절대적인 영향을 끼치는 먹거리는 아니다. 술은 그야말로 사람에 따라 선호하는 미식美食이기 때문이다. 어쩌면 잔이 입술에 닿으며 느껴지는 향유의 감각은 때론 악마의 유혹이 될 수도 있겠다는 생각도 해본다. 하지만 내겐 그런 유혹이 올 수도 오지도 않을 것이다. 그럼에도 어린 날 심부름 길에서 맛보았던 제대로 표현해 낼 수 없는 그 날의 그 맛이라던가 할머니를 따라 손가락으로 찍어 맛보았던 그 맛이 반백 년을 훨씬 넘어서도 아련히 느껴지는 것은 또 하나의 그리운 맛으로 기억 속에 살아있기 때문일까. 사람에게 하나쯤은 탐하며 살아도 좋을 것이 있단다. 그래서 술을 택했다는 친구도 있다. 그렇게 술이 좋은 사람도 있고 나처럼 그저 그런 사람도 있겠지만 '작가와 술'이라는 주제로 청탁을 받고 보니 새삼 그날 그 맛이 돌아올 수 없는 내 그리움의 날을 생각게 하여 가슴을 아프게 한다. 돌아갈 수도 없는 세월 그리고 그리움 앞에서 맛있게 술을 마시는 문우라도 불러 그와 마주해 볼까. 안주만 없앤다고 지청구를 쉬지 않겠지만 안주 한 접시쯤 더 시켜준다면 오히려 좋아하지 않을까. 그런 친구가 하나 있음이 오늘따라 다행이란 생각마저 든다. 지금 전화를 걸어볼까. 그리고 그의 술잔에 내 손가락으로 찍어 맛을 보면 그때의 그 맛을 느낄 수 있을까.

『리더스에세이』 2024년 봄호

어떤 소리에 대하여

왜 갑자기 그 소리가 이명耳鳴처럼 기억의 창고 문을 연 것일까.

눈발이 날리고 있었다. 나도 몰래 흘러나온 눈물이 눈가에서 얼어붙어 자꾸만 눈뜨기를 불편하게 했다. 하지만 그깟 것은 아무 상관이 없었다. 가슴에 안은 금방이라도 파닥파닥 숨을 쉬며 살아날 것만 같은 작은 새의 가슴만 안타깝게 느껴질 뿐이었다.

"조심해라. 넘어지면 큰일 난다." 무엇이 큰일 난다는 것일까. 나일까. 아니면 가슴에 안은 것일까. 조심하는데도 자꾸만 발이 헛디뎌졌다. 싸락눈이 내린 미끄럽고 가파른 산길 아니 길도 없는 길을 가고 있는 내 발걸음이 자꾸만 미끄러지는 것을 겨우겨우 버티며 걸었다. 나는 넘어져도 괜찮으나 내 품 안의 이 작은 새가 잘못되면 안 될 것만 같아 더욱 안달이 났다.

"여긋다 허자!" 아저씨가 가던 걸음을 멈추더니 따박솔 옆 조금 평평한 곳을 삽으로 걷어내며 냉큼 구덩이를 파기 시작했다. 난 안고 있던 자세를 그대로 유지한 채 언 땅을 파는 삽 소리를 듣지 않으려는 듯 고개를 푹 숙였다. 품에 안은, 이젠 생명도 떠나고 없어 생명체랄 수도 없는 생명체를 더욱 꼬옥 가슴에 안았다. 눈발이 점점 더 짙어지고 드세지고 있었다. "인자 되얐다. 보지 말고 서서 휙 던져부러라." 아저씨가 파놓은 작은 구덩이, 이 아이가 들어갈 자리란다. 가슴이 마구 방망이질 쳤다. 꺼어꺼억 나도 모르게 저 안 깊은 곳에서부터 시꺼먼 슬픔의 덩이가 목으로 치밀어 올라왔다. "뭣 헌다냐. 얼릉 이 구덩이에 던져부러라잉."

또 한 번의 재촉에 다시 네모난 구덩이를 내려다봤다. 그 사이 어느새 하얀 눈송이들이 그 안에도 별처럼 내려앉아 있었다. '그렇구나, 느그덜이 먼저 자리를 만들었구나. 그래 이 아이도 별이 되갔재. 느그들이 친구가 되야주겄구나.' 조심스레 다가가 무릎 꿇은 자세로 아이를 내려놓고자 했다. 그런데 또 벼락이 쳤다. "뭣 헌다냐? 너도 들어갈라고 그라냐? 휙 던져부란께. 너까지 끌고 들어가면 어쩔라고 그러냐. 빨리 확 던져불고 나와부러라." 그러나 그렇게는 할 수가 없었다. 해서 내 딴엔 조심조심 최대한 바닥에 가깝게 해서 마지막 그의 방에 아이를 내려놓았다. 그런데 내 손에서 놓아지는 그 순간 "터어ㅇ!" 소리에 가슴과 귀가 총맞은 것처럼 멍멍해졌다. 아니 하늘에서 커다란 무언가가 내 머리로 쿵 내려앉는 소리였다. 내 가슴이 아니 내 온몸도 터엉하고 울렸다. 하마터면 그 소리에 놀라 나도 구덩이 속으로 꼬꾸라질 뻔했다. 그 순간 내 몸이 뒤로 솟구쳐졌다. "뭣 허냐?" 마른 고함소리가 다시 내 귀를 때리면서 아저씨의 손이 나를 낚아챘는지 내 몸이 뒤로 벌러덩 넘어졌다. "아무리 애기라도 너 하나 끌고 가는 건 아무것도 아녀. 그렇게 너도 따라가고 싶냐?" 50년도 훨씬 더 된 이야기다. 그런데 지금도 가끔 그 소리가 귀를 먹먹하게 한다. 작은 생명체가 이 세상을 떠나며 내게 남긴 마지막 소리였다.

내게 이모부는 아버지 냄새를 맡게 해 준 유일한 분이셨다. 내가 초등학교에 다닐 때 막내 이모는 시집을 갔다. 학교에서 뛰어온 내 눈에 이모는 원삼 족두리를 쓴 신부의 모습으로 신랑과 맞절을 하고 있었다. 그렇게 이모는 담양 지실의 영일 정씨댁으로 시집을 갔다. 늘 내 곁에 있던 이모, 나를 업어주고 키워주던 이모가 나를 떠난 것이다. 3년쯤 되어 할머니랑 이모네 집엘 갔었다. 무등산에서 흘러나온 물이 지실 마을 앞을 지나 맑게도 흐르고 있었다. 2미터도 넘을 저 깊은 바닥까지도 한 뼘 깊이처럼 훤히 들여다보이는 맑디맑은 물이었다. 그 후로 방학을 맞아 몇 번 더 이모네에 갔었다. 버스를 두 번이나 갈아타고 가야 하는 힘들고 먼 길인 데도 이모네 가는 것은 늘 좋기만 했다. 이모부는 참 말이 없는 분이셨다. 그러나 그 묵묵함이 더 의지스럽고 이모 몰래 내 주머니에 살며시 용돈을 넣어주곤 하던 이모부셨다.

　　고등학교 2학년 겨울방학 때였다. 할머니께 이모네를 가겠다고 했더니 갑자기 털썩 주저앉으시며 내 손을 잡고는 "느그 이숙 죽었다." 하셨다. 난 처음엔 무슨 말인지 알아듣지 못하고 "할머니 뭐라고요?" 하고 되물었다. "느그 이숙 죽었단 말이다." 하시는 게 아닌가.

할머니의 울음 속에 나는 멍해져 아무 말도 할 수 없었다. '이모부가 가시다니, 왜? 무엇 때문에?' 나는 그 길로 담양 지실의 이모네로 향했다. 나주로 나가는 버스를 타고 다시 광주로 갔다가 담양까지 가는 길을 어떻게 갔는지도 모르게 갔다. 저만치로 당산나무가 보였다. 이모네는 그 뒤쪽으로 관사에 산다. 집은 인기척도 없어 보였다. 그런데 가느다란 애기 울음소리가 들리는 것 같았다. 방문을 열었다. 이모가 마치 유령처럼 앉아있었다. "이모! 나 왔어!" 했더니 겨우 고개를 돌려 나를 쳐다봤다. "왔냐?" 그리고 그게 전부였다. 반가움도 의아함도 없는 무표정으로 멍하니 다시 창문만 바라볼 뿐이었다. 영혼이 떠난 사람 같았다. 방 한쪽 구석에서 아기가 울고 있었다. 울 힘도 없다는 듯 잦아드는 울음이었다. 다가가 아이를 안았다. 순간 아기가 아니라 불덩어리였다. 너무나 놀라 나도 모르게 아기를 안고 냅다 달렸다. 버스정류장께에 있는 이모부 친구가 하는 약국에 이르러 아기를 내미니 아저씨도 놀라 빨리 광주 큰 병원으로 가라 했다. 다시 달려가 이모에게 그 사실을 알리니 여전히 정신없는 멍한 상태로나마 주섬주섬 옷을 걸쳐 입었다. 택시를 부르려는데 마침 버스가 왔다. 택시가 오길 기다리는 것보다 버스가 빠를 것 같았다.

버스에 올랐다. 자리 하나가 있어 이모를 앉히고 나는 아이를 안은 채 버스에 흔들리며 갔다. 얼마나 갔을까. 아기가 나를 보더니 시익 웃었다. 순간 내 몸의 털이란 털이 모두 곤두서는가 싶더니 식은땀이 온몸을 둘렀다. 무서움증이 확 몰려들었다. 순간 '이놈 가나 보네.' 하는 느낌이 오는가 싶더니 아니나 다를까 아기가 스르르 눈을 감아버렸다.

병원 응급실로 냅다 달렸다. 숨이 멎은 지 15분이라고 했다. 어찌해 볼 방도가 없었다. 터덜터덜 하릴없이 다시 아기를 포대기 채로 안고 나오는데 누군가 "순산하셨나 보네요." 했다. 순산, 참 사람들은 편하게들 생각한다. 아니 좋은 쪽으로 생각하는 것일 수 있다. 그렇게 숨이 떠난 아기를 안고 이모와 집으로 왔다. 이웃에서들 왔다가 이 상황을 보고는 동네에 알렸다. 아기는 그것도 죽은 목숨이라고 윗목에 두란다. 동네 친척 두 분이 돕겠다고 나섰다.

이모는 아들만 셋을 두었다. 이모부도 딸을 갖고 싶어 했다. 이모도 딸을 원했다. 딸을 낳아서 자신이 못 입어본 여학생 교복을 꼭 입혀보고 싶다고 했었다. 계집이 무슨 공부냐던 시대였다. 그래도 큰이모는 어떻게 학교엘 들어갔던가 보다.

큰이모가 학교에 가면 작은이모는 몰래 그 뒤를 따라가 유리창 너머로 동냥 공부를 했다고 한다. 할아버지 친구였던 교장 선생님이 그러지 말고 같이 학교에 보내라고 했지만 그것도 못 하게 하셨단다. 그럼에도 이모가 하도 그러니 큰이모랑 같은 반에서 공부할 수 있도록 교장 선생님이 살짝 넣어주셨다고 한다. 그렇게 2년가량의 교실 수업이 전부인 이모는 교복을 입은 여학생만 보면 한참씩 넋 놓고 바라보곤 했었다고 한다. 자신이 못 이룬 한을 딸을 통해 풀어보려 했던 이모 그리고 딸 하나 키우고 싶다던 이모부의 소망 속에 다행히 아이를 갖게 되었는데 출산 한 달을 앞둔 추석 전날 이모부가 사고를 당했다고 한다. 농협에 근무하던 이모부는 공대 출신답게 기계를 좋아하여 여기저기 취미를 살린 오토바이를 타고 다녔는데 추석 연휴 기간에 금고에 현금을 두는 것이 마음에 걸린다며 그걸 가지러 갔다고 한다. 그런데 돌아오는 길에 오토바이와 사람이 20미터 간격으로 날아가 떨어졌는데 몸에는 아무 상처도 없이 논에 떨어져 돌아가셨다고 한다. 유난스러워 보일 만큼 금실이 좋은 부부였다.

한 달 후 태어난 유복녀가 이 아이였다. 채 백일도 되지 않았는데 엄마인 이모는 여전히 정신줄을 놓아버린 상태였다.

세 아이는 큰엄마네로 보내 놓았지만 젖먹이는 어쩔 수 없어 같이 두었는데 엄마가 정신이 없어 저 모양이라 아기에게 젖도 제대로 주지 못하다 보니 이리된 것 같았다. 이모는 하루 종일 멍하니 창밖만 바라보고 있으면서 밥도 챙겨 먹는 둥 마는 둥 그러길 석 달째라 했다. 엄마가 그러니 아기가 영양실조에 급성 폐렴으로 이렇게 된 것 같았다. 이름조차 가져보지 못한 아이, 아빠 얼굴은커녕 엄마 품에조차도 제대로 안겨 따뜻한 젖 한 모금 맘껏 먹어보지 못한 채 그렇게 가버린 것이었다.

나도 아버지 얼굴을 모른다. 동란 중에 태어나 돌 달에 돌아가신 아버지였으니 나도 아버지 품에 한 번도 못 안겨보았을 것이다. 이심전심 동병상련으로 아기가 더욱 안쓰러웠다. 그런 아기를 이 추운 날 차가운 땅속에 묻어야 한다는 생각에 내 마음이 어땠을까.

소리란 공명共鳴일 때 더 크게 들리는 것 같다. 어떤 소리는 무섭고 어떤 때는 안도감을 준다. 어떤 때는 소름이 끼칠 만큼 싫고 어떤 때는 하늘의 소리처럼 환상적이고 듣기에 좋다. 어떤 때는 그렇게 듣기 싫은데 어떤 때는 너무나도 행복하고 그리운 소리가 된다. 하지만 그날 아기를 내 손에서 놓는 순간에 들리던 그 소리는 내게는 세상의 어떤 소리보다 크고 무서운 소리였다.

바람결에 사운 대는 댓잎 소리도 아니었다. 겨울밤 눈을 떴을 때 하얀 달빛 아래서 떨던 문풍지 소리도 아니었다. 솔잎 사이로 불어오던 솔잎 내 나는 솔바람 소리도 아녔다. 늦은 저녁 마실에서 돌아오시던 할아버지의 대문 여는 소리도 아니었다. 어린 날엔 그런 소리도 다 무서웠다. 하지만 그런 자연이 스스로 울림을 통해 만들어낸 자연이 내는 소리가 아닌 내가 들은 터엉 소리는 이 세상에서 저세상으로 떨어지는 소리여서였을까.

떨어지는 소리는 결코 무게에 좌우되는 것이 아니었다. 거대한 폭포수처럼 크고 웅장하게 떨어지는 소리도 있고 눈발처럼 사뿐히 떨어지는 소리도 있을 수 있지만 어떤 때는 아주 청명한 소리로 들려오고 어떤 때는 소음이 되는 것도 무게 때문만은 아니기 때문이다.

그날 그 소리는 그가 내게서 정을 끊고 떠나는 소리였다. 그 어린 것이 무얼 안다고 그렇게까지 했을까. 그러고 보면 처음 본 내게 내 가슴에서 시익 웃어 보이던 그 웃음도 그런

게 아니었을까. 오빠 고마워, 그래도 오빠가 이렇게라도 해줘서 고마워, 하지만 여기까지만이네. 잘 있어. 그 어린 것이 그렇게 나를 만나자마자 떠나면서 보낸 마음 씀이라고나 해야 할까.

사실 그때까지 난 이미 형과 아버지 어머니를 그리고 큰이모부와 작은이모부까지 차례로 떠나보낸 이력이 있는 상태였다. 이름조차 가져보지 못한 그 아이를 보내는 데는 더 어렵지 않을 법도 했다. 한데 내가 정작 철이 든 후의 첫 이별이라 이리 깊이 그리고 충격으로 왔던 것이었을까. 그런데 갑자기 그 소리가 반백 년도 더 지난 지금에 왜 생각난 것일까. 그러고 보니 이모가 가신 달이다. 맞다. 이모가 돌아가셨다는 소식을 받고 내려갔더니 영정 속에서 환하게 웃는 얼굴로 이모는 내게 "왔냐?" 하셨다.

세월이 가면 잊혀지는 게 있고 세월이 가도 잊혀지지 않는 것도 있다. 어머니 대신이었던 이모가 생각난 것은 아무래도 이모에 대한 그리움이 이모가 가신 달을 맞아 내 잠재의식 속에서 아이의 기억을 일으켜 냈나 보다. 내 눈으로 처음 목격했던 죽음 그리고 그를 직접 묻던 날의 기억이 초록이 푸르른 날에도 눈발 흩날리던 날의 기억으로 살아나는 것은 단순한 그리움만은 아닐지도 모른다. 지금쯤 그 영혼은 어디서 우리를 보고 있을까. 그가 보기에 부끄럽지 않게 살고는 있는 것일까. 타-ㅇ, 그 소리가 제대로 살고 있느냐고 묻고 있는 것만 같다. 새삼 오늘에.

격월간 『에세이스트』 2023년 7·8월호

나의 연필 사랑

―노란색 동아 HB연필

세상이 참 많이도 변했다. 탈 것, 입을 것, 쓸 것, 먹을 것 중 어느 것 하나도 변하지 않은 것이 없다. 그 변화를 발전이라고도 하지만 나는 가끔 그게 안타깝고 슬퍼지기도 한다. 발전이 나쁜 건 아니지만 자꾸만 무언가를 잃어가는 것 같아서다.

문학이란 이름으로 본격적으로 글을 쓴 게 어느새 35년인데 나도 많이 변했다. 내 글이 그만큼 좋아졌다는 것이 아니라 글을 쓰는 세상 곧 도구며 방법이 변했다는 말이다. 전에는 당연히 원고지에 펜으로 쓰는 거였다. 노트에 초벌 쓰기를 하고 최종은 원고지에 정서를 했다. 대개 초벌 쓰기는 연필로 했다. 그래야 고칠 수도 있기 때문이다. 그런데 언젠가부터 그것이 귀찮아졌다. 연필을 깎는 게 번거롭게 여겨져서다. 그래 만년필을 사용했는데 그것도 가끔씩 잉크가 손에 묻는가 하면 어쩌다는 주머니 안에 넣어둔 만년필에서 잉크가 새 나오기도 하여 곤란을 겪게도 하고 막상 쓰려는데 잉크가 없거나 오래 안 써서 말라버려 나오지 않을 때도 있어 당황하게도 했다. 거기다 만년필은 연필보다 굵고 무거웠다.

어느 순간부터 볼펜을 애용하게 되었다. 사서 쓴다기보다는 판촉용으로 선물 받은 예쁜 볼펜들이 자꾸 눈도 마음도 유혹했다. 볼펜이야말로 쓰기 용구의 대변혁이었다. 그런데 문제는 있었다. 볼펜 끝에서 잉크가 뭉쳐져 글씨가 이상해지거나 덩어리가 되어 이러지도 저러지도 못할 때가 생기곤 했다.

컴퓨터가 나오면서 아예 컴퓨터에 글을 쓰는 사람이 늘어났다. 그러나 나는 그걸 의도적으로 거부했다. 원고지도 고집했다. 원고지 한 칸 한 칸에 내가 써넣는 글자 하나하나야말로 내가 만들어낸 글이라는 생각이었다. 대부분 글을 쓰는 사람들이 컴퓨터를 선호하게 되었어도 난 거기에 휩쓸리지 않았다. 나만의 고집이 자랑스럽기조차 했다. 그런데 문제는 원고를 수정할 때마다 다시 써야 하는 불편함이 내 마음을 자꾸 흔들었다. 나름 타협안을 찾은 것이 초고는 종이에 연필로 쓰고 그걸 컴퓨터에 입력하여 출력한 것으로 퇴고하는 거였다. 지금까지 나와의 협상 하에 하고 있는 내 글쓰기다.

한데 초고를 쓰는 것에도 문제가 생겼다. 나는 허리도 아프고 다리도 아프다. 의자에도 방바닥에도 오래 앉아있기가 힘들다. 책을 읽는 것도 글을 고치는 것도 글을 쓰는 것도 오랫동안 앉아서 하기가 어렵다. 그래서 글 일을 하려면 온갖 오두방정을 다 떤다. 다리를 약간 높이고 방바닥에 드러누워 책을 보기도 하고, 그렇게 글을 쓰거나 고치기도 한다. 한데 만년필로는 아예 그렇게 하기가 어려우니 주로 볼펜을 쓰는데 그게 거꾸로 쓰게 되니 잉크가 나오질 않았다. 해서 다시 택한 방법이 연필로 쓰기이다.

연필로 쓰다 보면 누워서 쓰기에는 많이 불편하다. 드러누워 벌 받듯 종이를 치켜들고 글씨를 쓰려니 힘이 주어지지 않아서 글씨가 잘 되지 않는다. 그래도 볼펜처럼 안 나오는 것은 아녀서 할 만은 하다. 좋은 연필은 비교적 잘 써진다. 그러다 보니 언제부턴가 내 글쓰기의 초고는 거의 연필로 쓰는 게 되어 버렸다. 대중교통을 이용하면서 하는 글쓰기도 연필을 주로 사용한다. 지우개가 달린 연필은 글자 한두 자쯤 지우기에도 편하니 일거양득이다.

나는 주로 동아연필을 사용한다. 우리나라 최초의 연필일 것이다. 어쩌면 내 나이쯤이라면 동아연필과 함께 성장했다고도 할 수 있다.

연필심이 너무 잘 부러져 부러지지 않는 연필을 선호하던 때가 있었다. 그런데 그런 연필은 글씨를 쓰다가 종이를 찢기 일쑤였다. 그런데도 학교 앞이나 버스에서 베니어판을 뚫는 부러지지 않는 연필심을 자랑하던 연필 장수는 인기였다. 지금은 연필 깎는 기계도 다양하여 깎기도 쉽고 연필도 잘 깎이지만 그땐 칼로만 연필을 깎다 보니 깎으면서 다 부러져 연필을 써보지 못할 때도 있었다. 그러나 부러지지 않는 연필은 잘 써지지가 않아 침을 묻혀 쓰기도 했는데 그건 또 지우개로도 잘 지워지지 않았다.

어떻든 연필은 모든 글쓰기의 시작으로 가장 사랑을 받았다. 나는 노란색 동아연필 HB연필을 주로 사용한다. 물론 지우개가 달린 연필이다. 한꺼번에 열 자루쯤 깎아 방이건 거실이건 책상이건 필통마다 서너 자루씩 채워놓고 언제 어디서든 사용할 수 있게 해놓는다. 가방에도 필히 두세 자루씩 넣어둔다. 쓰다가 심이 부러질 수도 있지만 필통에 넣지 않으면 저희끼리 부딪쳐 부러질 수도 있어 여러 자루를 넣어두기도 하고 쓰다 보면 닳아 연필을 바꾸고 싶어지기도 하기 때문이다.

초등학생 때 큰아버지로부터 입학 기념으로 책가방과 필통과 연필을 선물 받았었다. 한데 내가 다니던 시골 학교에서는 한 명도 가방을 멘 학생이 없었다. 난 순식간에 놀림거리가 되어버렸다. 가방을 멘 내 모습이 거북이라나? 하기야 가방조차 거북선이 그려진 네모난 가죽가방이었으니 더 그랬던 것 같다. 그 좋은 가방을 사흘도 못 메고 책보를 질끈 동여매고 다녔다. 필통은 철 필통이었는데 학교에 가니 연필심이 다 부러져 있었다. 필통에 헝겊을 깔고 연필을 넣기로 하고 선물 받은 연필을 깎기 시작했다. 그런데 다 깎았다 싶으면 연필심이 부러졌다. 그렇게 하다 보니 연필을 열 자루나 버리고 말았다. 순간 혼날 일이 걱정되어 그대로 놔두고 밖으로 나가버렸다. 저녁에 할아버지로부터 연필 깎는 법을 배운다고 했지만 어린 내겐 쉽지 않은 일이었다. 그때 어찌나 할아버지께 혼이 많이 났던지 연필만 깎으려 들면 손부터 떨렸다.

요즘은 웬만해선 연필심이 부러지지 않는다. 사각사각 연필로 쓰는 소리는 세상 어느 소리보다 정겹다. 연필 깎는 기계가 있지만 가끔은 칼로 깎는다. 옛날이 그리워서는 아니다. 연필을 깎고 있노라면 서예書藝를 위해 먹을 갈 때처럼 마음이 정리되는 것 같아서다. 편하고 쉬운 것만이 좋은 것은 아니다. 조금 힘겹고 귀찮더라도 지키고 싶은 것들이 의외로 많다. 나의 연필 사랑도 어쩌면 그런 것들 중 하나일지 모른다. 몽당연필을 시누대山竹 대롱에 끼워 쓰던 어린 날엔 그것이 최상의 선택이었던 것처럼 어쩜 우리는 그런 그때를 더 사랑하고 그리워하고 있는지도 모른다. 내가 연필로 초고를 쓰는 것도 나만의 소중한 무언가를 지키고 싶다는 기도요 주문 같은 것일지도 모른다. 나는 지금 이 글도 연필로 쓰고 있다. 노란색 동아 HB연필 지우개 달린 연필로, 나의 또 하나 사랑하기다.

월간 『문방구』 2021년 1월호

수필문학 큰 선생님

—수필문학 이론과 문학사까지 정립하신 정진권 교수님께

　올해는 유독 봄이 더 쉽게 오고 빨리 가는 것 같습니다. 이내 꽃이 피겠구나 생각을 하는데 벌써 활짝 피어버린 꽃들을 보며 순간 '진다'는 생각을 바로 하게 되는 것도 봄이 채 가지도 않았는데 여름이 왔다 가는 것까지 생각하고 있음일 것입니다.
　어언 한국의 수필가가 1만 명이 넘을 거라고들 합니다. 한국문인협회 회원만도 시인 다음으로 4천 명에 이르는 걸 보면 그러겠다 생각이 듭니다. 숫자적 풍성함만이랄지 모르겠습니다만 수필문학의 위력이 이렇게도 나타나는 걸 보면 척박하달 수 있던 우리 수필문학의 텃밭에 씨를 뿌리고 물을 주고 북을 돋우신 선생님들과 선배님들의 공이라 생각됩니다.

특히 수필이론이 절대적으로 부족하고 수필문학사조차 변변찮은 수필문단에 선생님이 계셨다는 것은 가히 축복이라 생각됩니다.

2010년 여름이었습니다. 『한국수필문학사』를 내셨다고 보내주셨기에 건방지고 외람되게 전화를 드렸었지요. 왜 시대에 어울리지 않게 한자를 이리 많이 써서 그나마 젊은이들이 읽을 생각조차 하지 않게 만드셨느냐고 했지요. 그랬더니 최소한 수필을 공부하고 문학을 하려는 사람이 이만한 문학용어조차 한자로 못 읽으면 안 된다시며 부러 그러셨다고 하셨지요. 요즘 사람들의 너무 안일하게 글을 쓰려는 태도를 크게 나무라신 것이지요. 그리고 왜 해방 전후 1950년대까지만 문학사를 정리하셨느냐고 했더니 그 후는 저희들이 해야 할 몫이라시며 거룩한 부담감을 안겨주시던 것을 잊지 않고 있습니다.

누군가가 해 주겠지 하며 늘 거저먹으려는 철부지 심보를 갖고 있는 저희였습니다. 선생님의 말씀이 옳습니다. 그러고 보면 저희는 늘 차려진 밥상만 받아먹고 있었던 게 분명합니다. 그런데 하나둘 밥상을 차려주시던 어르신들이 저희 곁을 떠나는 걸 보며 비로소 아차 하고 있습니다. 그래서 선생님이 계신 것이 얼마나 든든하고 감사한지요.

간결하고 소박한 문체로 우리 고유의 정서와 삶을 진솔하게 수필로 보여주신 「짜장면」이나 「비닐우산」 같은 선생님의 작품들은 늘 제 수필 공부의 교과서였습니다.

수필문우회에 들어가 선생님을 가까이서 뵌 때 합평 시 주시던 간결하고 예리한 비평도 그렇고 여러 의견들을 모아주시던 이해와 혜안도 배워야 할 몫이었습니다. 매원 박연구, 삼계 허세욱 선생님과 더불어 자칭 개띠 세 친구분이 한국수필 문단의 큰 중심이 되어주시던 것도 잊을 수 없습니다. 원로수필가를 인터뷰하던 때 선생님을 찾아뵈었을 때도 기억납니다. 조곤조곤 해 주시던 말씀마다 얼마나 가슴에 잘 안겨 오던지요. 그런데 이제 선생님만 계시다고 생각하니 불안하고 안타까운 마음에 가슴이 메어옵니다. 해서 얼마 전 편찮으셨을 때는 정말 얼마나 놀랐는지 모릅니다. 다행히 회복되셔서 비교적 나들이도 괜찮으신 것 같아 조금 마음은 놓입니다만 그럼에도 85세란 숫자가 자꾸만 마음을 무겁게 합니다.

선생님으로 하여 시작되었던 허구에 대한 쟁론도 수필문학사에서 빼놓을 수 없는 일이지만 『한국수필문학의 이해』 『한국현대수필문학론』 같은 이론서나 『한시를 읽는 즐거움』 『한국고전수필선』 같은 역해서(譯解書)는 수필을 공부하는 저희에겐 가뭄 속 단비였습니다. 거기에 '수필문학사'는 선생님이 아니고는 쉽게 손을 댈 수 없는 일이었습니다. 신라 천년으로부터 우리 수필의 역사를 끌어올리고 고려 조선시대를 거치는 동안의 우리 수필에 대한 선생님의 통찰은 참으로 놀라웠습니다.

하지만 이제는 건강을 먼저 생각하셔야 할 때입니다. 신촌의 문화센터 강좌도 내려놓으셨다는 소식을 들으며 자꾸만 이리 마음이 서글퍼지는 것도 아직은 수필 장르가 제 자리를 확고히 하지 못하고 있음에 대한 죄송스러움과 선생님께서 지셨던 그 짐을 이젠 우리가 져야 한다는 부담이 실감 되어 두렵고 안타깝기 때문일 것입니다. 따뜻한 때가 되었다고 하나 아침저녁 일기는 아직도 선생님 건강을 위협할 수 있으니 각별히 조심 하십시오.

모쪼록 금년에는 더욱 수필문학의 향내가 더욱 짙게 풍겨나는 해가 되도록 그래서 선생님의 그간 노력들이 이 모양 저 모양으로 결실되는 것을 보여드렸으면 합니다. 더욱 강건하셔서 오래도록 저희 곁에 큰 나무로 그늘을 만들어 주시고 큰 힘으로 의지가 되어주시옵소서. 늘 감사합니다.

『문학의집·서울』 2019년 4월호

얼마나 그리웠으면

 마른 참나리 대를 타고 바깥으로 고개를 내민 나팔꽃이 앙증스럽다. 아는 수필가가 페북에 올린 사진과 글인데 첫 문장에서 그만 눈이 멈춘다. "밖이 얼마나 그리웠으면"이란다. 나팔꽃의 마음이 진정 그러할지는 모르겠지만 안에서 자란 나팔꽃 줄기의 새순이 바깥으로 고개를 내민 순간을 포착하고 그걸 바깥에 대한 동경과 그리움의 몸짓으로 본 것이다. 거기다 달린 댓글이 금상첨화다. '비바람 치는 세상이 그리도 그리웠나 봅니다.' 그럴지도 모른다. 세상이 어떻든 그가 보지 않고 겪어보지 않은 세상은 그냥 아름다운 곳일 수 있다. 하지만 그걸 겪어본 사람들은 안다. 얼마나 바깥이란 세상이 모질고 험하고 막되고 무섭고 더럽고 불편한 곳인가를. 물론 다 그렇지는 않을 수 있다. 더러운 물속에서도 아름다운 연꽃이 피어나듯 세상은 그런 곳일 수 있다. 악다구니가 펼쳐지는 세상이란 바깥에서 자신을 끝없이 희생하며 세상을 위해 사랑의 헌신을 하는 사람도 있고 해서 그렇게 험한 세상이지만 사랑해야 하는 곳, 우리가 살고 살아야 하는 삶의 터다. 하니 미워하기보단 사랑해야 하는 곳이다. 그러니 그런 걸 모르는 나팔꽃은 그런 세상이 보고 싶고 가고 싶은 곳일 게다. 안에 있는 그에겐 밖이 오직 가서 보고 싶은 동경의 곳일 수 있다. 하지만 그게 그리움에서일 수는 없잖을까. 그리움이란 겪어본 것에 대한 마음의 작용이 아닌가. 그런데도 '얼마나 그리웠으면'이라는 표현이 나까지 알 수 없는 그리움으로 몰아간다.

  사람이란 그리움의 존재다. 너무 고통스러워 기억조차 하기 싫은 것까지도, 너무나 슬퍼 생각하기조차 싫은 것조차도, 너무 원망스럽고 창피스럽던 일까지도, 절망의 깊이가 너무 깊어 들여다볼 용기조차 나지 않았던 때까지도 이상하게도 지나 놓고 나면 그마저도 그리워질 때가 있다. 잊고 싶을 만큼 싫은데도 더 잊어지지 않는 것도 과거의 나를 지배하는 것들이 그런 한갓 그리움일 때가 있다. 그러면서 '얼마나 그리웠으면'이라고 더듬거린다.

그리움은 결코 큰 소리로 내가 돌아보게 하지 않는다. 순간적으로 달려와 나를 아느냐고 혹시 나를 기억하느냐고 다그치지도 않는다. 살그머니 아주 살포시 언제 왔는지도 모르게 다가와 수줍게 그것도 슬픈 눈으로 말을 건다. 그래서 그리움이다.

요즘 친구들과 만나면 자식 자랑 아니면 자식욕이다. 둘 다 별로 듣기 좋은 말들이 아니다. 자랑도 듣기 역겹고 욕은 더더욱 그렇다. 그러면 얘기한다. 덕 보려고 자식을 낳았느냐고. 씨뿌리는 농사로 생각하면 당연히 무언가를 거두는 게 옳다. 자식 농사란 말도 있지만 그건 어쩌면 생명에 대한 큰 모욕이다. 특히 인간 생명에는 더더욱 그렇다. 물론 잘 지은 자식 농사를 자랑하고 자신의 면류관으로 자식을 내세우는 사람들을 부러워하기도 한다. 하지만 열 달이나 엄마에게 불편스러움과 고통을 주고, 태어나는 순간에도 감당하지 못할 큰 아픔을 겪게 하며 세상에 나온 새 생명의 눈을 부부가 내려다보는 순간 이미 모든 보상은 다 받은 걸로 된다. 그 작은 눈동자에 비친 눈부처를 확인하는 순간 모든 보상, 아니

앞으로 두고 두고도 다 갚지 못할 황홀한 기쁨의 행복이라는 사랑의 부채까지 안는다. 첫 대면의 그 순간만으로도 모든 것이 갚아지고도 남는다. 오히려 사랑의 빚만 남게 된다. 자라고 살아가는 것을 보는 것은 또 다른 덤의 행복이다.

커피포트를 잘 애용했는데 커피머신을 들여오고 나니 포트를 거의 사용치 않게 된다. 커피포트를 이용하여 난 카누를 즐겨 먹었는데 머신을 들이니 원두커피 쪽으로 더 마음이 가 버린다. 사람의 마음이 간사해서라기보다 하나를 품으려면 다른 하나는 내놔야 한다는 아주 평범한 진리를 깨닫는다. 둘을 다 품으려면 내 가슴이 너무 좁고, 둘을 다 가지려면 내 손이 모자란다. 그런데도 가슴으로만 안 되면 거기 손까지 합세하고, 손으로 모자라면 품에 안으면서까지 손을 끌어들여 욕심껏 채우려 한다. 과욕이다. 또한 크다고 다 좋고 비싼 것도 아니다. 오히려 작은 것을 사면 큰 것을 덤으로도 준다. 하지만 큰 것이라고 작은 것을 덤으로 주지 않는다. 오히려 작은 것의 가치나 값이 큰 것의 몇 배가 될 수도 있다.

아기가 자랄 때는 세상에서 가장 큰 행복으로 존재한다. 그게 미운 네 살, 여섯 살을 거쳐 장성하면 결혼을 안 해서 속이 상하고 해도 아이를 안 낳는다 하여 또 속이 상한다.

그러니 나이가 들면 다 할아버지가 되는 것도 아니다. 이처럼 들여다보면 편하고 아름다운 것만 있는 것이 아니다. 안이라고 밖과 다를 건 없다. 그런데 자라기를 좋아하는 저 여린 작은 식물은 '때는 이때다.' 하고 바깥으로 전력을 다해 몸을 내밀었다. 그걸 본 페북의 주인은 '바깥이 얼마나 그리웠으면.'이라며 그를 응원했다. 나도 동의하고 공감한다.

젊다는 것은, 생명이라는 것은 새로운 모험을 할 수 있어야 한다. 비바람이 치는 것을 몰라도 가야 하고 안다고 해도 가야 한다. 내가 이길만하다고 해도 가야 하고 이길 수 없을 것 같아도 일단 부딪쳐 봐야 한다. 그게 삶에 대한 진지한 방향성이고 거룩한 삶에의 태도다. 모르는 곳 안 가본 곳에 대한 동경은 내가 겪어서 좋았던 것보다도 더 본능적인 그리움이다. 그러나 나팔꽃에 대한 생각도 맞다. 얼마나 그리웠으면, 바깥으로 얼마나 나가고 싶었으면 저렇게 온몸을 허공으로까지 내던지는 것인가. 너무 햇볕이 따가워 이내 시들게 될지도, 갑자기 드센 바람에 목이나 몸이 꺾여버릴지도 모른다. 그러니 생명이라는 것은 늘 진지한 도전이다. 무모해 보이더라도 거룩하게 도전한다. 오늘 페북의 꽃 이파리 하나가 내게 '당신에겐 그리움이 있기나 하나요?' 하며 당돌한 질문을 던진다. 글쎄, 난 그냥 네가 부럽기만 하다. 그리움이 있다는 건, 그립다는 것은 멋지게 아름답게 진실하게 그리고 용기 있게 살고 있다는 증거가 아니겠는가. '얼마나 그리웠으면'보다 내 사는 것으로 그리움을 만들어내며 사는 게 삶이지 않을까.

『수필과비평』 2023년 10월호

영원한 동심 채봉丁埰琫 형을 그리며

떠나면 잊히는 것이 기억인데도 잊히지 않고 더 선명한 기억으로 떠오르는 사람도 있네요. 바로 정채봉 형입니다.

형은 나보다 5년이나 위이면서도 늘 나를 친구처럼 대해주셨죠. 스포츠형 머리에 커다란 눈 가득 천진하게 웃곤 하던 형, 근데 나는 왜 형의 그 웃음에서 슬픔의 색깔을 보곤 했을까요?

나도 형도 특히 힘들었던 1977년, 형은 『감독자와 품질관리』라는 기업 현장 잡지의 편집장이셨지요. 그때 우연히 문예작품 공모 공고를 보고 응모했던 내 시가 대상을 차지하며 형과의 인연이 시작되었지요. 형은 바로 다음 해에 샘터사로 옮겨가 안정된 생활에 들어간 것이 참으로 반가웠고 나도 3년 후 수원서 서울로 올라왔지요. 신춘문예에 동화로 당선한 형은 소설을 쓰고 싶어 했지요. 하지만 동화 청탁만 끊이지 않는다고 안타까워했지요. 그러다가 『현대문학』에 성장소설 『초승달과 밤배』를 연재하며 소설에 대한 목마름을 채우기도 했는데 그게 영화로까지 나와서 얼마나 좋았는지 모릅니다.

1988년 2월 23일 형은 내가 근무하는 Y 대학교의료원까지 『멀리 가는 향기』를 들고 와서 주고 갔지요. "봤응께 갈게." 하며 총총히 뒤돌아가는 형의 뒷모습이 그날따라 왜 그리 쓸쓸해 보였던지 울컥 눈물이 날 것 같았었네요.

사실 형과 나는 서로에 대한 이야기를 나눈 적은 없었지만 형도 나도 세 살 때 어머니를 잃었고, 나는 아버지를 돌 달에 잃었지만 형도 아버지가 없다는 것, 둘 다 할머니한테 자랐다는 것이 우리 사이를 연결하는 무엇이 되었는지 형은 내게 늘 마음을 써줬지요. 내가 일이 끝나 샘터사로 가서 몇 번을 만났지만 1998년부터 모교의 겸임교수가 되면서 더욱 바빠진 형, 그리고 너무나도 잘 나가는 형이 되어 잘 있겠지 하며 연락조차 안 했는데 그때 형은 암으로 절망의 순간에 있었다는 것을 뒤에야 알았지요. 누군가 아프기만 하면 바로 내게 연락을 해왔고 나는 그때마다 작게나마 도움을 줄 수 있었는데 정작 형이 암에 걸렸을 땐 나만 몰랐던 원망스러움이 참으로 나를 안타깝게 했네요. 그렇게 3년의 간암 투병 끝에 아산병원에서 형이 생을 마치던 날도 나는 형의 병실이 보이는 철로 위를 가고 있었다네요.

내 서재엔 1990년 5월 7일 형이 주고 간 『모래알 한 가운데』, 91년 4월 8일 주고 간 『느낌표를 찾아서』가 형의 다른 책들과 함께 꽂혀 있지요. 그때 왜 그 책을 부러 들고 와서 주고 갔을까 그리고 그때마다 "봤응께 갈게." 하며 보이던 뒷모습에서 짙은 슬픔을 보곤 했을까가 지금도 의문이네요. 내가 본 형의 그 슬픔은 깊이 잠재된 내가 모르는 쓸쓸함의 빛남일지도 모르지만요.

형에 대한 글을 쓴 게 있어 법정 스님께 보내드렸더니 『새들이 떠나간 숲은 적막하다』란 손바닥 책과 함께 "오늘 채봉 선사 1주기도 되었고 해서 산소에 다녀오는 길입니다. 사람 하나 떠난 자리가 이렇게 큰 줄 몰랐습니다." 하는 엽서를 보내와 형의 빈자리가 무소유의 스님에게도 얼마큼 큰 자리였는지를 새삼 생각게 했답니다. 오늘은 형이 할머니께 올리고 싶었다는 그 한 권의 책 『초승달과 밤배』를 형을 그리며 다시

펼칩니다. 다시 난나를 만나고 싶어서요. 형은 늘 그때 그만큼의 난나이지만 55세라는 너무나 아까운 나이로 가신 지 어언 25여 년, 세월을 넘어 그냥 그리움 가득 형을 생각합니다. 보고 싶습니다. 채봉 형님.

『수필오디세이』 2024년. 겨울호

※정채봉(丁埰琫. 1946. 11. 3. -2001. 1. 9.): 전남 순천 출생. 동화 작가. 수필가. 시인. 1973년 동아일보 신춘문예 동화『꽃다발』당선.『물에서 나온 새』『오세암』『스무살 어머니』『초승달과 밤배』『생각하는 동화』(전 7권) 외. 월간『샘터』사(1978-2001)에서 편집부장, 주간, 편집이사. 세종아동문학상 · 대한민국문학상 수상 외.

한국 수필문단을 만드신 월당 조경희 선생

―조경희 가상 인터뷰

작은 구멍으로 한 줄기 빛이 들어오는가 싶더니 주변이 환해졌다. 그리고 거기 월당 선생님이 작은 의자에 앉아 계셨다.

"선생님 안녕하세요? 거기서 뭐 하세요?"
내가 놀랍기도 하고 반갑기도 하여 큰 소리로 인사를 드리자
"나? 최 선생 기다리고 있지." 하시는 게 아닌가.
"선생님 돌아가신 게 아니셨어요?" 내가 체면불구하고 묻자
"죽었지. 2005년 8월 5일이었으니 벌써 15년이나 되어가네."
"근데 어떻게 여기 계시는 거예요?"
"여기가 내 자리야. 내가 좀 많이 알고 싶어 하잖아? 안 보

면 다 궁금해서 원. 그리고 나 인터뷰 한다며?"

선생님은 그렇게 나와 다시 만났다. 반가움과 놀라움과 신기함이 마음에 가득한데도 금방 어디론가 가버리시면 어떡하나 하는 조급함과 불안으로 당장 무엇이라도 묻고 싶었다.

선생은 1918년 경기도 강화에서 태어나서 이화여전을 졸업하시고 1939년부터 신문기자로 언론인의 삶을 사셨다. 그러나 1938년 『한글』이란 잡지에 「측간단상」이란 수필을 그리고 조선일보 학생란에 「영화론」을 발표하면서 또 하나 문인의 삶도 시작하셨다.

무엇보다 1971년 2월 한국수필가협회를 만드시고 바로 『隨筆文藝』를 창간하신 건 한국 수필문학사에 가장 큰 업적이 될 것이다.

"선생님이 1939년 조선일보에 입사하시던 해 2월에 『文章』이 창간된 걸로 알고 있는데 그때 문단의 사정은 어떠했나요?"

"맞아요. 1939년 이화여전 문과를 졸업하고 바로 조선일보사 학예부 기자로 입사를 했어요. 그러다 보니 문단에 대해 자연스레 알게 되었고 관심도 갖게 되었어요. 그해 2월에 문학전문지인 『文章』이 창간되었지요. 일제의 강압으로 겨우 2년여를 버티다 1941년 4월 폐간되기까지 통권 27호를 냈으면서도 짧은 기간에도 가장 활발한 문예전성기를 이루었다고 봐요. 발행인은 김종만 선생이었고, 소설은 이태준, 시는 정지용 선생이 추천을 담당했는데 그때 소설가 정인택 씨가 문장사에 근무했고 조풍연 선생이 실무를 봤어요."

"그때 등단한 유명한 분들이 많지요?"
"정지용 선생 추천으로 조지훈 박목월 박두진 박남수 이한직 시인이 등단했어요. 그리고 소설은 이태준 선생 추천으로 곽하신 최태옥 임옥인 등이 등단했고, 그때 문장지의 표지화는 근원 김용준 선생이 그렸는데 근원 선생은 좋은 수필도 많이 썼지요."

"선생님의 첫 수필집 『우화寓話』는 언제 내셨나요?"
"1955년이었네요. 중앙문화사에서 냈는데 그때 나는 조선일보가 강제 폐간된 후 서울신문, 중앙신문, 부산일보와 잡지 희망사를 거쳐 『여성계』란 잡지의 주간을 맡고 있었어요. 해

방이 되고 10년이나 지났지만 6·25로 폐허가 된 당시의 서울에서 수필집을 냈으니 문단에선 화제가 되었어요."

"그때 출판기념회도 하셨다면서요?"

"최정희 선생이 신문 문화면에 그『우화寓話』의 서평을 써주셨는데 지금 서울시의회 사무실 지하에 있던 유명한 레스토랑에서 출판기념회를 했어요. 노천명 모윤숙 오상순 선생을 비롯 문단 선후배들이 정말 많이들 오셨어요. 내 책의 표지화는 수화 김환기 선생이 그려주셨어요."

"선생님이 수필가협회를 만드신 것은 한참 후인데 어떻게 그런 생각을 하셨어요?"

"나는 수필집『우화』출간 후 원고청탁을 많이 받았어요. 그러다 보니 수필가들과도 많이 만나게 되고 그분들과 만나다 보니 창작에만 머무를 것이 아니라 조직체가 필요하겠다는 생각이 들었어요. 그래서 몇몇의 뜻을 모아 1971년 2월 12일 종로2가에 있는 낙원장에서 한국수필가협회 창립총회를 가졌지요. 사실 창립을 나보다 더 서두른 사람은 서울여대에 있던 김해성 시인이었어요. 그러나 총회에서 내가 회장으로 선출되었는데 그때 나는 한국일보 부녀부장으로 있으면서 신문과 잡지에 수필을 많이 발표했었어요."

"그때 임원은 어떤 분들이었나요?"

"부회장은 조선일보 논설위원인 이일동 씨와 공주사대 이헌도 교수였고, 이사는 김준, 김해성 시인, 나석호 변호사, 전남매일 편집부국장이던 박훈상이었고, 상임이사는 청량리정신병원 최신해 박사 그리고 상명사대 윤재천 교수, 경희대 서정범 교수, 동국대 이병주 교수, 전숙희 수필가, 건국대 영문과 진인숙 교수였고, 감사는 김춘호 오일환 이원복 씨 거기에 한국일보 주필인 석천 오종식 선생을 명예회원으로 모셨지요."

"참으로 대단한 분들이 다 함께 하셨군요? 그럼 『隨筆文藝』는 언제 창간하신 건가요?"

"협회를 만들고 나니 발표 지면이 없는 거예요. 해서 4월에 『隨筆文藝』를 창간했어요. 제호는 일중 김충현이 써주셨어요. 그걸 6호까지 발간하고 7호부터 『韓國隨筆』로 바꿔 발행했는데 거기 제호는 수필가이면서 서예가인 김사달 선생이 썼고 1981년 겨울호 통권 27호때 일중 김충현이 한글 제호로 바꿔주었어요."

"선생님께서 창립하신 한국수필가협회가 2021년이면 창립 50주년이 되고, 지난 2월호로 『한국수필』은 지령 300호를 냈습니다. 뿐 아니라 선생님께서 1980년부터 84년까지 한국문인협회 이사장 권한대행을 하셨던 그때와는 비교도 안 되게 지금 한국문인협회 수필분과 회원만도 무려 4천여 명으로 전체 회원의 30%를 차지합니다. 수필 작가가 그렇게 늘었어요. 선생님께서 시작하셨던 국내심포지엄이 38회째, 해외심포지엄이 27회, 한국수필문학상도 38회를 시상했습니다. 선생님이 뿌리신 씨앗들이 자라 이만큼 아름다운 열매를 맺었습니다. 선생님께서 한국수필가협회를 사단법인으로 만들어놓으셨는데 명실 공히 한국수필문단의 범 수필문학단체로 역사와 전통을 잘 지켜가고 있으며 한국수필을 통해 1천1백여 명의 수필가가 탄생했다는 것만으로도 대단한 일이 아닐 수 없습니다. 이런 수필가협회에 특별히 바라고 싶은 것이 있으신가요?"

"잘 하고 있으니 마음이 놓입니다. 무엇보다 여러 곳을 전전하다가 무교동 25-1 원창빌딩 701호에 사무실을 마련하여 자리 잡게 되었을 때 좋았던 생각이 나네요. 그런데 협회 사무실이 교통도 좋은 홍대 입구에 회원들 십시일반으로 마련되었다니 무엇보다 기쁩니다. 바라기는 아직도 수필이 문학의 변방에 있는 듯 보이니 안타깝네요. 해서 수필문학에 대한 인식이 언제쯤이나 바뀔까요? 수필문학이야말로 문학의 중심이에요. 수필가는 시도 소설도 할 수 있어요. 첫째 문장이 되고 스토리도 만들 수 있으니 문학의 기본이 충실하다는 장점이 있지요. 그러나 좋은 수필을 많이 써서 속히 문학의 위치를 분명하게 차지하세요. 그건 수필가 각자 노력의 몫입니다."

"역시 선생님 말씀을 들으니 마구 힘이 생깁니다. 자신감도 생기고요. 선생님 그곳에서 L이태준 선생님도 만나셨죠?"

"L 선생님 뿐인가요? 전숙희, 최신해, 김사달 그리고 우리 협회에서 같이 일하던 서정범, 송도 선생도 다 만나서 옛날 얘기도 하지요. 그때가 고생은 많이 했지만 가장 보람 있는 때였던 거 같아요."

"선생님 감사합니다. 이렇게 생각지도 않게 뵙게 되어 옛날 얘기를 많이 들었습니다. 저희도 선생님 계신 곳으로 가면 그때 더 많은 얘기 나누기로 하죠. 『한국수필』은 한 해도 거르지 않고 매년 8월이면 선생님 추모특집을 하고 있는 것 아시지요? 작년에는 탄생 100주년 기념으로 우리 한국문인협회를 비롯 여기저기서 선생님 조명을 많이 했답니다. 그리고 이번 호는 선생님을 표지에도 넣는답니다."

"내가 이래서 여기 나와 앉아있는 거예요. 여기 앉으면 다 보이거든요. 내가 살아있을 때보다 죽고 나서 더 호강을 한다는 생각도 들어요."

"선생님 감사합니다. 거기 앉아서 늘 저희를 지켜봐 주시고 특히 우리 수필 문단이 더 잘되도록 힘도 불어넣어 주세요. 선생님 고맙습니다."

"나도 고마워요. 대망의 2020년에도 다들 건강하고 좋은 작품들 많이 써요."

선생님 말씀이 끝나자 앉은 채로 내게서 점점 멀어져 갔다. 1984년부터 89년까지 예총 회장을 연임하셨고 정무장관에 예술의 전당 이사장 등 문화계 주요 직함을 다 가지셨던 선생님, 그만큼 선생님의 활동 영역은 누구도 따를 수 없었다. 그런 선생님을 내가 알고 모실 수 있었던 것도 영광이 아닐 수 없다. 선생님의 모습이 사라진 곳에서 나는 선생님의 자서전 『언제나 새 길을 밝고 힘차게』2004, 정우사와 『조경희 수필집』2005, 선우미디어을 가슴에 안고 있었다. 눈을 떠도 말씀하시던 선생님의 모습이 한참이나 눈앞에 머물렀다.

『월간문학』 2019년 11월호

chapter 4.

마음 맑히기

고른다는 것
당당한 당돌함
마음 맑히기
끝내다
빠지다
슬픔의 색깔
어떤 서정(抒情)
서로 기대어
같이 산다는 것
우리 시대의 시작인가 끝인가

고른다는 것

요즘은 심사審査의 철이다. 각종 문학상, 공모전 등의 심사가 줄을 잇는다. 동시에 몇 건을 해야 할 때도 있다. 하기야 우리『한국수필』도 각종 문학상 심사를 해야 하는 때다.

'심사審査'를 사전에서 찾아보면 "어떤 기준에 따라 자세히 조사하여 합격 여부나 타당성, 적법성 여부 따위를 가림"이라고 되어있다. 가린다는 것은 여럿 가운데서 가장 나은 것을 구분해 골라낸다는 뜻이다. 곧 여럿 중에서 골라 뽑는다는 것이다. 한데 고른다는 것은 탈락에 대한 아픔이 전제된다. 택하려면 다른 것은 버려야 하기 때문이다. 수많은 작품 중 좋은 작품을 골라내는 기대감과 즐거움도 있지만 조금 못하다고 떨궈내야 하는 안타까움과 아픔을 모른 체 해야 하는 몰인정이 작용된다.

　오늘도 두껍게 책자로 묶인 응모작들을 읽으며 점수를 매긴다. 내가 얼마의 점수를 주느냐에 따라 당락當落이 결정되는 순간이다. 내 손에 생사여탈권이 주어졌다고 생각하니 내가 그냥 무서워진다. 그러고 보면 우리 삶의 순간들도 알게 모르게 이런 누군가의 생사여탈권에 의해 결정되고 있는 것이 아닐까 싶다. 그런데 그 권한이란 것이 정당한 자격에 의해 주어진 공정한 것이 되는지는 알 수가 없다. 도토리 키재기 같은데도 무슨 기준이라고 그 조금 낫다는 것이 권력이나 권한이 될 수도 있으니 말이다. 특히 이런 심사는 예심이 더 중요할 수 있다. 가리기에 들어가 줘야 할 작품이 자칫 예심에서 빠져버릴 수도 있기 때문이다. 그런 예는 우리 문학사에도 많이 있었다. 신문사의 휴지통에서 건져 올려진 작품이 최종 당선작이 되기도 했다. 좋은 작품인데도 예심에서 살아남지 못했다면 기회가 없어지기 때문이다. 그런 작품이 빠져버린 만큼 그보다 못한 작품이 올라갔을 수도 있다. 그러니 허투루 가볍게 읽고 버리거나 빼버릴 수가 없다. 수가 제한적일 때 이걸로 하나 저걸로 하나 가리기 어려울 때는 더 그렇다.

하나는 살고 하나는 죽는 것이다. 이날 이 시간을 위해 참으로 많은 수고와 땀과 정성을 쏟았을 텐데 그런 마음을 생각하면 손이 떨린다.

시골에 작은 땅이 있는데 거기 가장 손쉬운 농사라는 고구마를 심었다. 그런데 가을에 보니 나중에 힘이 들어 꾀를 부리고 듬성듬성 거리가 있게 심은 것은 오히려 땅속 열매가 굵은데 처음에 촘촘히 잘 심은 것은 알도 작고 모양도 이쁘지 않았다. 내 손이 그때의 기분이나 마음 상태에 따라 어떻게 했느냐가 결실에 큰 영향을 미친 것을 보면서 어떤 일이든 깊이 생각하고 또 생각하여 해야 한다는 것을 배웠다. 올 따라 감나무에 감이 너무 많이 열렸었다. 그냥 다 놔두면 필시 가지가 무게를 이겨내지 못할 것 같았다. 솎아 따줘야 한다고 했다. 그런데 얼마큼 어떤 것을 따 내버려야 할지 따내는 것도 남기는 것으로 선택하는 것도 쉽지가 않았다. 하지만 따내 줘야만 남아 있는 것도 알이 굵어지고 가지도 부러지지 않고 서로 다 살 수 있다는 것이다. 그렇게 남은 감들이 얼마나 탐스러운지 모른다.

나도 살아오면서 분명 무수한 선택을 받으며 이날에 이르렀을 것이다. 알게 모르게 본의이건 아니건 평가가 되었고 그

평가에 따라 골라지고 또 선택도 되었을 것이다. 때로는 아슬하게 누군가에게 밀려버렸을 수도 있고 어떤 때는 내가 누군가를 또 그렇게 했을 수도 있다. 세상은 그렇게 늘 골라지고 고르는 연속이었다.

책장을 넘기며 작품들을 다시 꼼꼼히 읽는다. 한 편씩 낱장일 때보다 다루기는 좋은데 앞의 작품과 비교해 보려니 불편하다. 그러고 보니 고른다는 것은 비교가 시작이다. 이것보다 나은 작품이어야만 살아남는다. 선택되었다는 것은 무언가가 더 나았다는 증명이다. 내가 선택되지 못했다는 것은 그 무엇인가가 다른 것보다 못했음이다.

내겐 손녀가 다섯이다. 아이들에게 무어든 주면 자동반사로 가위바위보를 한다. 이긴 자가 우선하여 선택권을 갖는다. 아이들 세계에서 언제부터 저런 풍습이 생겼는지는 모르겠다. 큰언니가 우선권을 가질 만도 한데 그러면 막내가 서운해 할 수도 있다. 아마 큰언니가 그렇게 대폭 양보했을 것이다. 하지만 우리 세대는 그렇지 않았다. 어른들은 다 자식에게 양보했다. 먹지 않았으면서도 먹었다고 했고 없으면서도 있다고 했다. 큰 것 맛있는 것보다 작은 것 맛없어 보이는 것을 그게 더 좋다고 가져가고 그게 제일 맛있어 보인다고 했다. 빤

한 거짓말인데도 그렇게 넘어갔다. 점수 위주의 세상은 요즘이나 그렇다.

나는 마음이 약해서인지 강단지지 못하다. 결정이 무르다. 그러나 나의 그런 강단지지 못함, 나의 그런 물러터짐이 다른 사람에게 피해가 되면 안 된다. 내가 할 수 있는 능력껏 잘 골라내서 다 긍정하고 동의할 수 있는 바른 결정 값을 내야 한다. 선택받지 못한 사람도 인정하는 그런 선택이 되도록 나는 내 삶 속에 주어진 고르기에 최선을 다한다. 물론 나에게도 그래 주었음하는 바람도 가지면서 말이다. 빛나는 한 편을 골라내면 내 마음도 따라서 빛난다. 햇살 속에서 잘 생긴 커다란 감 하나를 따내는 내 손의 기쁨만큼.

『계간수필』 2022년 겨울호

당당한 당돌함

　차를 타고 집으로 오는 내내 그녀의 모습이 눈앞에서 떠나질 않았다. 그런 당돌함과 당당함은 어디서 온 것일까. 그건 당당함일까, 당돌함일까. 그게 그녀에겐 정당함이었을까.
　4층에서 강의를 마치고 지하 1층 구내식당으로 내려가고 있었다. 엘리베이터가 1층에서 멈췄다. 문이 열렸다. 하지만 안은 이미 꽉 차서 누구도 더 탈 수 없었다. 그런데 휠체어를 탄 이십 대 후반쯤의 아가씨가 우리에게 다짜고짜로 "좀 내리시죠!" 했다. 순간 나를 비롯한 우리 일행은 얼떨결에 대부분 엘리베이터에서 내렸다. 그리고 우리는 계단으로 걸어 내려갔다.

지하 1층의 바로 우리 앞에서 그 휠체어가 가고 있었다. 하필 그녀는 우리가 앉는 식탁 바로 앞에 앉았다. 밥맛이 싹 달아날 만큼 기분이 상했다. 상황을 가만히 되돌려 봐도 기분이 나쁜 건 마찬가지였다.

사회건 개인이건 장애인에 대해선 서로 이해하고 협력하고 사랑으로 보듬어줘야 한다. 하지만 장애가 특권은 아닐 것이다. 그런데 이 아가씨는 어떤 생각으로 세상을 살려는 걸까. 그의 장애가 선천적이 아닌 우리 사회의 어떤 잘못으로 얻은 장애라 생각해서일까. 그렇더라도 저런 당당함을 넘는 당돌함은 어디서 오는 걸까. 엘리베이터 안의 우리 일행은 평균 연령이 일흔을 넘어 그 아가씨의 어머니보다도 훨씬 나이가 많고 더러는 할머니뻘이 되는 나이들이었다. 그중에는 걸음이 시원찮은 분도 있다. 거기다 휠체어 한 대가 타려면 타고 있는 거의 모두가 다 내려야만 했다. 그런 상황인데도 그녀는 전후 가리지도 않고 아주 당당하게 그것이 지극히 당연하다는 듯 다짜고짜로 "좀 내리시죠?" 했다. 그 말투는 마치 '뭐해요. 휠체어 타고 있는 나 안 보여요? 내가 타게 퍼뜩 내리세요.' 하는 투였다. 그 기세에 눌리기라도 한 듯 나를 비롯한 대부분이 황망히 내렸다. 나중에 알고 보니 안쪽에 탔던 셋은 그래도 내리지 않고 그냥 타고 왔단다.

　자리에 앉았는데도 자꾸 뭔가 잘못된 것 같다는 생각이 들었다. 해서 한마디 해야겠다고 했더니 일행이 자꾸 말렸다. 그러면서 안쪽에서 안 내리고 타고 온 셋의 이야기인즉 오히려 우리더러 '배려가 없다.'고 하더란다. 그 말을 들으니 더 속이 상했다. 배려란 강요할 수 없는 것 아닌가. 배려는 우러나서 해야 하는 것이다. 그래서 말리는데도 부러 그가 들으라고 "배려는 서로 해야 하는 것이지 강요하는 것은 아니지 않느냐."고 그와 같이 타고 온 우리 일행 셋에게 목소리를 높여 큰 소리로 나무라듯 말을 했다. 그가 들으라는 것인데도 그녀는 전혀 못 들은 척했다.

　가만히 상황을 정리해 보았다. 문이 열렸는데 엘리베이터 안에 노인들이 꽉 차서 내려온다. 보통의 경우엔 '먼저 내려가세요. 다음에 타지요' 할 것이다. 그러면 휠체어를 본 이상 분명히 나라도 먼저 '우리가 내려서 걸어갑시다.' 하며 같이 내리기를 종용했을 것이다. 그런데 자기 부모보다 훨씬 나이 많은 어른들이 타고 있는데도 앞뒤 상황 전혀 가리지 않고 저 혼자 타겠다고 "좀 내리시죠?" 하는 것은 아무리 해도 이해가 되질 않았다. 그렇게 해서 다들 내리고 자기 혼자만 타게 되었다면 최소한 '고맙습니다.' 한 마디쯤은 해야 옳지 않은가. 그런데 '당신들이 잘 못했어. 나를 보자마자 빨리 내리고 내가 타게 했어야지. 그런 당신들한테 내가 왜 고맙다고 해야 돼?' 하는 태도 같았다.

어찌 보면 이런 현상을 상황은 좀 다르지만 우리가 만들지 않았을까 싶기도 하다. 나도 여러 번 목격했고 그때마다 내 얼굴도 붉어지곤 했던 것이지만 전철에서 어른에게 자리를 양보하는 학생이나 젊은이에게도 '고맙네' 하는 사람이 없었다. 마치 '왜 빨리 일어나지 않고 미적대는 거야.' 하는 불쾌한 표정을 읽은 때도 여러 번이었다. 왜 그럴까. 나이 많은 것이, 노쇠한 것이 그렇게도 당당한 것인가. 젊은 아이들을 보면 참으로 안타까울 때가 많다. 잠잘 틈도 쉴 틈도 없이 학교로 학원으로 다니는 것을 보면 안쓰럽기 그지없다. 만일 자기 손주라면 저럴까. 왜 자기 자식만 귀하고 남의 자식은 귀한 줄 모를까. '아니다. 너희가 더 힘들지. 앉아서 가거라. 나는 괜찮다.' 하면 그 아이들도 자리를 양보한 것이 얼마나 뿌듯하고 오히려 그런 어른들이 고맙고 존경스러워질까. 한데 젊다는 것은 힘도 안 들고 피곤치도 않을 것으로만 아는지 일방적이고 막무가내로 양보를 강요하는 행위는 결국 존경받

당당한 당돌함 187

을만한 어른을 스스로 포기하는 것 아닐까. 나도 다리가 안 좋지만, 어르신들께 자리를 양보한다. 한데 아무런 표정도 없이 너무나도 당연한 것처럼 자리에 앉곤 한다. 그 순간 '내 나이도 칠십을 훨씬 넘었고 다리도 안 좋은데 다시는 내가 자리 양보 하나 봐라.' 하는 생각이 들곤 한다. 아이들도 마찬가지일 것이다. '어른이면 어른다워야지. 그래. 다시는 내가 자리 양보 하나 봐라.' 이렇게 스스로 다짐했을 수도 있다. 그러고는 다음부턴 자는 척하거나 고개를 들어 누가 서 있는가를 아예 보지도 않고 핸드폰만 하거나 할 것이다. 왜 우리 사회가 이리되었을까.

문득 당돌함과 당당함이란 말을 새삼 생각해 보게 된다. 사전에선 당돌함을 "꺼리거나 어려워함이 없이 다부지고 씩씩하다."라고도 했지만 "윗사람을 대함에 있어 예의가 없이 주제넘고 건방지다."라고도 설명했다. 아까 내가 처한 경우는 나중의 뜻이 더 맞을 것 같다. 당당함에 대해선 "남 앞에 내세울 만큼 떳떳하고 정대하다." "균형 잡히고 튼튼하며 번듯하다."의 뜻으로 풀이하고 있다. 그렇다면 그녀는 자신의 행동이 정대하다고 생각한 것일까. 그건 본인이 아니라 남이 그렇게 보아주고 인정해 줘야 하는 것이 아닐까.

그러다가 문득 나를 돌아보게 되었다. 나 또한 아니 나 혼자만 옳다고 생각하며 목소리를 높인 적도 많았을 거란 생각이다. 여럿이 함께할 때도 내 생각만 옳고 맞다는 식으로 고집을 피운 적은 없었을까. 나도 모르게 얼굴이 뜨거워졌다. 내 급한 성미며, 늘 높아지는 목소리가 본의 아니게도 저 아가씨와 같은 안하무인의 당돌함을 저질렀을 것으로 생각되어져서이다.

뭐 묻은 개가 뭐 묻은 개 나무란다는 격으로 나는 시도 때도 없이 그랬으면서 겨우 그런 경우 한 번 겪고는 마치 세상에 저만 정의로운 척 요란을 떤 것은 아녔을까. 그러고 보면 당돌함도 당당함도 모두 조심스러운 것이 아닐 수 없다. 당당하다는 것도 자칫 건방져 보이거나 교만해 보일 수 있기 때문이다. 세상에 어느 누가 매사에 자기 언행 심사가 다 옳다며 당당할 수 있겠는가.

예쁘게 지는 저녁노을을 바라보며 이 나이에도 제대로 사는 것이 쉽지 않다는 생각을 다시 하게 된다. 오늘따라 지는 노을이 참으로 아름답다. 그런데도 자꾸만 그녀의 당당한 당돌함이 노을 속에서까지도 보여 노을마저 아름답지 않게 보이려 한다. 나는 얼마나 더 살아야 노을 같은 여유로운 의연

함을 지닐 수 있을까. 어느새 나도 저녁노을로 지고 있는 것이 분명한데.

계간 『문학시대』 2023년 4월

마음 맑히기

하필 비가 내렸다. 한데 미처 몰랐었다. 이런 날이 최고의 날이라는 것을. 급히 마련한 허접한 비옷이 오히려 거추장스러워졌다. 그냥 맞기엔 좀 그렇지만 그렇다고 이만한 비에 비옷을 입는 것은 내 성미에도 맞지 않았다. 조금은 청승맞아 보일 수도 있겠지만 내 방식으로는 이 정도쯤의 비는 맞는 게 맞다. 그렇게 보드라운 실비를 맞으며 산길을 올랐다. 그런데 순간 비 냄새만은 아닌 향그러움이 느껴졌다. 한발 한발 내디딜 적마다 분명 콧속으로 스며드는 게 있었다. 뭘까. 이 달착지근할 만큼 상쾌한 향긋함은. 좌우를 둘러봤다. 아하 그랬구나. 오르는 길 가득이 홍송紅松이 나처럼 같이 비를 맞아

주고 있었다. 그러면서 환영 인사를 그리들 하고 있었다. 비를 맞은 홍송은 갓 목욕시킨 아기 몸 같았다. 한둘이 아닌 사열하듯 둘러선 그들이 음흉하리만큼 은밀한 미소를 보내왔다. 괜찮지요? 잘 왔어요. 우리도 이런 날을 좋아해요. 이런 날이 딱이지요? 운이 좋네요. 그렇게 그들은 나를 쏘삭이고 꼬드겼다. 나는 그날 홍송과 노닥이며 개심사 길을 올랐었다. 홍송과 한통속이 되어 가느다란 비를 맞으며 킥킥대며 그 길을 올랐었다.

소문으로만 들었던 개심사開心寺의 청 벚꽃을 보러 가는 참이었다. 난 청 벚꽃이 있다는 것도 몰랐었다. 그런데 우연히 문우들과의 모임에서 개심사 이야기가 나왔고 청 벚꽃 이야기가 따라 나왔다. 청 벚꽃이라니. 궁금해서 견딜 수가 없었다. 얼른 보고 싶었다. 4월 중순이면 청 벚꽃이 핀다 했다. 나는 누구에게 들키기라도 할까 봐 비밀스레 조용히 그날을 기다리다 4월 중순이 되자마자 살그머니 나선 길이었다. 그런데 하필 가는 날이 장날이라고 아침까지도 괜찮던 하늘에서 서산 땅을 밟자 가는 비가 내리기 시작했다. 그 빗길에서 만난 홍송들, 그런데 왜 하필 여기만 이렇게 홍송이 있는 걸까. 바닷바람에 강해서일까.

이름 때문인지는 몰라도 개심사는 이상스레 늘 마음이 갔다. 왠지 내 흐트러지고 이지러진 마음과 생각들도 정리되고 회복될 것만 같았다. 모난 마음들이 평정을 찾을 것 같다는 생각도 들었다. 그날 나는 청 벚꽃은 만나지 못했다. 채 꽃몽조차 맺히지 않았는데 그해 따라 더 늦는 것 같다고 했다. 하지만 며칠 있으면 피어날 청 벚꽃 나무의 등걸과 가지와 잎을 쓰다듬어 보며 꼭 꽃 핀 너를 다시 보러 오겠다고 약속을 했었다. 어쩌면 그날 핀 꽃을 보지 못한 것이 더 신비로운 상상 가득 내 가슴에 보지 못한 꽃으로 품을 수 있게 했는지도 모르겠다. 벌써 오래전의 일이다. 약속은 아직까지도 지키지 못하고 있지만, 꼭 지킬 것이다. 하지만 그날 그곳을 오르며 만났던 홍송들은 내 마음속에서 늘 이른 비로 내리며 살아있다. 코끝을 간지를 듯 풍겨오던 홍솔향과 비에 젖어 빛나던 소나무 몸통이 '너도 해 봐 마음도 몸도 씻어지게' 하는 것만 같았다.

기억이 하나 더 있다. 친구를 따라 영주에 갔다가 부석사에 들렀다. 그날은 제법 드세게 비가 내리고 있었다. 우산을 쓰고 찰박거리며 경내를 오가는 내 발소리만 빗소리에 섞여 자박거리던 날 고요롭고 신비롭게 부석사 전경을 내 품으로 안았었다. 나는 아이처럼 이쪽저쪽, 저쪽 이쪽으로 몸이 젖는 것도 아랑곳하지 않고 철벅대며 빗속을 즐겼다. 친구는 마루에 걸터앉아 그런 나를 한심하다는 듯 바라봤다. 하지만 나는 비가 내리는 부석사의 경내 그것도 인적이라곤 우리만인 이런 누림이 얼마나 아름다운 고요인지를 설명할 수 없을 만큼 감격하며 누렸었다. 그래서일까. 이따금 그날이 생각나면 같이 있는 누구에게고 비가 오는 날 부석사에 가보라고 말하곤 한다.

추억이 되는 기억은 사람을 그리움으로 몰아간다. 청 벚꽃은 못 보더라도 비가 오는 날 개심사의 배흘림기둥에 기대서서 채 피지 못한 벚꽃나무의 파란 향을 맡아 보라. 뒤틀린 기둥과 낮은 지붕의 왜소한 문으로 흘러내린 벚꽃나무 가지와 담장에 넘실대는 푸른 이파리들을 바라보라. 분명 세상사에 찌들리고 얽히고설킨 마음들을 맑히기에 충분하리라. 마치 시골집 같은 분위기의 정겨운 심검당, 휘어지면 휘어지는 대로, 구부러진 것은 구부러진 대로 자연미를 살린 기둥들은 삶도 그렇지 않느냐고 물을 것이다. 더 보탤 것도 더 손볼 것도 없이 살아온 그대로가 기둥이 되고 문턱이 된 이런 자연함이야말로 우리가 욕심내지 않고 살아가야 할 방향이 아닐까. 문득 「그물에 걸리지 않는 바람같이」란 시가 생각난다.

갑자기/ 모든 것 낯설어질 때/ 느닷없이 눈썹에/ 눈물 하나 매달릴 때/ 올 사람 없어도/ 문밖에 나가/ 막차의 기적소리 들으며/ 심란해질 때/ 모든 것 내려놓고 길 나서라// (중략) 때로는/ 용서할 수 없는 일들/ 가슴에 베어올 때/ 그물에/ 걸리지 않는 바람같이/ 물 위를 스쳐 가는 滿月같이/ 모든 것/ 내려놓고 길 떠나라(김재진 「그물에 걸리지 않는 바람같이」 중)

맞다. 옳다. 기억도 흔적이다. 흔적은 지워지지 않는다. 해서 그냥 잊어야 한다. 잊는다는 것은 가만히 묻어두는 일이다. 꺼내지 않는다는 것이다. 깊이깊이 가라앉힌다는 것이다. 개심사는 마음을 여는 곳이기보다 마음을 맑게 닦는 곳인 것 같다. 청량한 홍송들의 솔향으로 먼저 마음을 씻어 닦고, 자연한 배흘림기둥을 보며 어떻게 살 것인가 마음을 비우며 맑은 소리가 울려날 수 있도록 마음을 깨끗이 하는 그런 울림 맑힘 밝힘 그리고 정직하게 바르게 나아감이 옳게 사는 것 아니겠느냐는 맑은소리다.

시인의 말처럼 이슬비가 내리는 날 홀연히 떠나 개심사 길을 올라보라. 홍송 향기 가득 맡으며 걷는 길, 결코 우산을 쓰거나 비옷을 입지 말고 간지러울 만큼 보슬보슬 내리는 비를 홍송과 더불어 온몸으로 맞으며 그 길을 꼭 한 번은 가보라. 모든 것 내려놓고 나서보라. 그리고 비가 드세게 내리거들랑 영주 부석사로 가라. 무량수전 앞에서 하염없이 내리는 비를 바라보노라면 스쳐 가는 만월같이 떠나온 그대 맘도 몸도 맑아지고 가벼워 지리라. 그렇게 마음을 맑히며 몸을 맑히며 살 일이다. 숨만 쉬기에도 얼마나 힘들고 험한 요즘 우리네 삶인가.

『계간수필』 2023년 가을호

끝내다

 짧은 글 한 편을 마치면서도 굳이 '끝'자를 쓸 때가 있다. 왜 그런지 어떤 때는 첫 문장을 시작하기도 어렵고 내용의 전개도 어렵다 보니 마무리는 더 힘들 수밖에 없다. 마감 날짜는 간당간당 조여오고 어찌어찌해서 겨우 마감 날 밤 11시 59분에 이메일의 보내기를 눌렀을 때가 어디 한두 번인가. 그렇게 힘들게 원고를 마쳤을 때는 굳이 필요도 없는 '끝' 자를 끝에 쓰곤 했다. 한데 요즘이야말로 그 끝 자를 쓰고 싶다. 코로나19가 벌써 올해의 아홉 달이나 먹어버렸고 올해의 남은 달도 그냥 둘 것 같지 않다. 언제 끝나려나. 이제나저제나 끝나기를 고대해도 잦아지는가 싶던 것이 다시 살아나고 거기다 여기저기서 산발적으로 일어나니 정말 끝이 보이질 않는다.

사실 내 사전에서 끝이라는 말은 절망적으로 사용될 때가 더 많았다. "이제 정말 나는 끝이다."라며 고개를 떨구던 친구가 생각난다. 잘 나가던 친구였는데 어느 순간 사업에 욕심을 내는 것 같더니 한 번 삐끗하자 영 회복을 못 하고 그때부턴 하는 족족 실패로만 이어져 도저히 일어날 수 없게 되어버렸다. 그 친구의 절망하던 모습이 지금까지도 눈에 선하다. 결국 그는 한국을 떠나 남미 어딘가로 갔는데 이십 년이 넘은 지금까지 연락조차 안 되고 있다. 하지만 묵어있는 땅에 고구마를 심었는데 가을에 그걸 캐느라 고생했던 생각을 하면 '끝'이라는 것이 그렇게 좋을 수가 없었다. 하필 비 온 뒤 끝이라 땅이 질어 삽인지 호미인지도 구분 못 할 정도로 흙이 붙으니 고구마라고 제대로 캐지겠는가. 해도 해도 일은 끝나지 않고 몸은 지쳐 흙 범벅 발을 옮길 기운도 없는데 캐야 할 고구마 두렁을 바라보면 더 아득하기만 했다. 그래도 눈처럼 게으른 게 없고 손처럼 부지런한 게 없다는 옛말처럼 땅거미가 올 때쯤엔 마지막 고랑의 끝이 보였다. 그때의 기분, 드디어 마쳤다는, 다 했다는 기쁨이 세상을 다 얻은 것 같았다. 한 번도 맛보지 못했던 황홀함 자체였다.

　코로나로 온 나라 온 세계가 아우성이다. 생계도 생활도 일상도 엉망이 되어버렸다. 뉴스마다 신문마다 코로나 소식인 이때 '코로나 끝' 소리를 듣고 싶다. 고구마를 다 캤을 때의 기쁨, 원고 쓰기를 다 마쳤을 때의 보람 같은 그런 감격의 순간을 우리 모두의 노력으로 끝냈으면 싶다. 이미 임계점 가까이 와 있을 수 있다. 그런데도 확실하게 어서 속히 '코로나 끝'이라고 쓰고 싶다.

　　　『문학의집·서울』 특별기획 〈바람이 분다-2〉 2020년 10월호

빠지다

요 며칠 나는 푹 빠져있다. 빠진다는 것은 '반하다'와 일맥 통한다. 좋아서 반하고 반하니 빠져드는 것 아닌가. 사람들이 너도나도 들떠서 연휴를 만끽하러 떠나고들 있는 때에 우편물을 정리하다 만난 나만의 즐거움이다.

어제는 H 교수께서 보내주신 작은 수필집을 펼쳤다가 나가야 되는 시간도 잊고 거기 빠져 버렸다. 하나를 읽고 나면 다음 편의 제목이 '더 읽어 봐.' 하는 것 같고 또 그냥 넘어갈 수 없게 내 눈을 끌기도 했다. 글이란 감동을 제일로 치지만 읽고 싶게 하는 끌림 곧 호기심과 재미가 더 먼저다. 읽고 싶은 마음이 생겨야 읽게 되고, 재미가 있어야 계속 읽고 싶고, 읽어야 감동도 받을 것 아닌가. 그러니 재미있는 글을 누가 이길까. 고등학생 때 성인 소설을 몰래 읽다 혼이 난 적도 있지만, 그때도 호기심 이상의 재미가 있어서였지 않았을까. 어떻든 읽고 또 읽고 손을 놓지 못한 채 다 읽고야 마는 책이 있다는 것은 요즘 같은 영상문화의 시대에 얼마나 감사하고 행복한 일인가. 나갈 시간을 놓쳐 허둥대면서도 오랜만에 행복한 마음으로 그 책은 가방에 넣었다. 남은 부분을 전철에서 마저 읽을 심산이었다.

오늘도 집에 왔는데 우편함 속에 L 교수의 수필집이 들어있었다. 펼쳐 머리말만 읽자 했는데 그럴 수가 없다. 4부까지 98편이 담겨 있는 짧은 글들인데 마치 군것질용 과자에 무의식적으로 손이 가듯 쉼 없이 책장을 넘기며 읽게 되었다. 한 편 읽는데 딱 2분씩이 걸렸다. 98편 다 읽어도 200분이면 된다. 먹으면서 소화가 되어 버리는 맛있는 음식처럼 부담이 없이 맛깔스러워 자꾸 먹게 되는 그런 글들이다. 재롱떠는 아이를 보며 혼자 흐뭇한 행복에 젖듯 실없이 웃음을 흘리며 계속 입맛을 다시며 야금야금 어느새 다 읽어버렸다.

그리고 보면 내 삶 속에서 무엇인가에 이리 빠져본 적이 얼마나 몇 번이나 있었을까. 늘 숨이 가쁘게 허덕이며 살던 시간들 아니었는가. 실속도 없이 책임과 의무에만 묶여 재미없게 산 시간들이었다는 자괴감도 든다. 그런데 한순간이지만 이 작은 책들에 빠지다니 참으로 놀랍다. 아직 내게 그런 감성이 살아있다는 것도 고맙다. 세상 구경에 몸도 마음도 빠진 사람들이 즐거움으로 세상을 탐닉할 때 나만 그러지 못한다고 서운해했는데 이렇게 누군가의 책 누군가의 글에 빠져 행복해하고 감격해하고 감사하고 있다니 이 또한 나만의 소확행이 아니고 무엇이겠는가. 이런 빠짐이라면 몇 번이라도 얼마든지 또 하고 싶다.

 매일 쌓이는 책을 바라보며 부담스러워도 했지만 이처럼 가슴 뛰는 행복감으로 황홀해질 수 있는 순간이 또다시 나를 삶의 중앙으로 나가게 한다. 그래 세상 볼 것에도 빠지고 책에도 빠지고 그렇게 매 순간 빠져들 수 있는 것이야말로 삶을 충만하게 사는 것 아니겠는가. 미치도록 보고 싶다거나 그리워할 수 있는 힘, 정신 못 차릴 정도로 홀린 듯 빠져들 수 있는 힘이야말로 진정으로 진지하게 삶을 살아가게 하는 힘이 아닐까. 두 권의 책에 빠져 버린 오랜만의 이 시간과 내가 마냥 사랑스럽다. 아직도 무언가에 빠질 수 있다는 내가 마냥 기특하기만 하다. 이제 또 뭐에 빠질 것이 있을까. 그 또한 기대가 된다. 오랜만에 흠뻑 빠지게 된 두 권의 책, 그렇게 자꾸 빠지고 싶다.

계간 『문장』 2023년 가을호

슬픔의 색깔

그는 흰 고무신을 손으로 쓰다듬고 있었다. "미안해, 정말 미안해!" 그의 눈에는 어느새 눈물이 가득 고였다. 그가 손에 든 고무신을 가슴으로 바꿔 안더니 침대가 놓여있는 방구석으로 가 쪼그려 앉았다. 그리고 다시 "미안해, 미안해, 정말 미안해!"를 거듭했다.

벌써 25년이나 지나버린 일이다. 그런데 오늘 갑자기 왜 그때의 일, 눈물이 가득 고인 그의 슬픈 눈망울이 선명하게 되살아나는 것일까.

선배에게서 전화가 왔다. 나를 좀 봤으면 좋겠단다. 어디서 보면 좋겠느냐고 했더니 S 병원이란다. 시간 약속을 하고 선배가 지정한 곳으로 가니 아들이 이곳에 있다고 했다. 선배에 겐 아들만 하나 있었다. 미국에서 공부할 때 낳은 아이인데 내게 여러 번 공부도 잘하고 성격도 좋다며 아들 자랑을 했었다. 그런데 왜 병원에 있느냐고 물으니 부모가 반대하는 결혼을 하겠다고 고집을 피우더니 사람이 변해버렸다고 한다. 하는 수 없이 정신과 병동에 입원을 시켰다고 한다.

S 병원 본관 6층은 정신과 병동이었다. 아주 중증은 아니나 정신과적 입원 치료가 필요한 환자를 수용하는 곳이었다.

선배의 아들은 S 대를 나왔는데 상고를 나와 주산학원에서 아이들을 가르치는 아가씨와 사귀었다는 것이다. 시골 태생으로 농사를 짓는 부모를 떠나 일하며 혼자 서울의 야간상업고등학교를 졸업하고 주산학원에서 아이들을 가르친다고 했다. 부부가 다 교수인 선배로선 아들이 사귀고 있는 아가씨의 집도 그 아가씨도 맘에 들 리가 없다. 달래고 어르기를 수십번, 그러나 아들은 조금도 변하질 않았단다. 결국 아가씨를 만나보았고 사정을 하여 아들에게서 떠나달라고 부탁을 했다고 한다. 그녀는 그러마고 했고 그 즉시 학원을 그만 두고 어디론가 사라져버렸는데 아들이 그 사실을 알게 되자 며칠을 헤매며 찾는 것 같더니 찾질 못 하게 되자 식음을 전폐하고 학교도 안 가고 방에만 박혀있더란다. 그러더니 어느 날부터 헛소리를 마구 하더라 했다.

선배와 함께 면회시간을 기다려 병실로 올라갔다. 출입을 통제하는 문을 밀고 안내된 곳에 선배의 아들이 있었다. 키가 크고 준수한 아름다운 청년이었다. 아버지가 왔는데도 전혀 아는 체를 하지 않았다. 이름을 부르니 빤히 쳐다보면서 그 여자아이 이름을 부르며 혹시 못 보았느냐고 물어온다. 간호사 말로는 하루 종일 고무신을 신지 않고 손에 들고 있거나 가슴에 안고 "미안해, 미안해." 말만 반복하고 있다 했다.

고무신을 가슴에 품은 젊은이의 눈에 가득한 슬픔, 나뭇잎 살랑댈 바람만 불어도 금방 넘쳐흐를 것만 같은 가득 고인 눈물이 보는 가슴을 아리게 했다. "현수야! 아빠가 잘못했다. 미안하다." 선배가 아들의 손을 잡는데도 아빠의 손을 떨쳐버렸다. 그리고 지금껏 그가 해오던 대로 고무신만 가슴에 안은 채 서 있더니 갑자기 바닥에 털썩 주저앉으며 고무신을 서로 맞 포개고는 "춥지? 춥지?" 했다.

다행히 치료경과가 좋아져 얼마 후 퇴원을 했고 가족 모두 미국으로 이주해 간 상태로 지금은 어찌 사는지 나하고도 소식이 끊기고 말았다. 그런데 왜 갑자기 오래 전의 그 일이 떠오르며 그의 슬픈 눈이 생각 난 걸까.

아들네는 미국에 있지만 딸네는 가까이 살아 손녀들이 자주 집에 들른다. 할아버지 할머니란 아빠 엄마보다도 저희들이 원하는 걸 더 잘 들어주는 것을 이미 알아버린 아이들은 필요에 따라 할아버지 할머니를 더 좋아한다. 특히 큰아이는 할아버지를 더 좋아한다. 할머니는 제 어미가 못 먹게 한다고 안 주는 것도 할아버지는 살그머니 손에 들려주기 때문이다. 그런데 할아버지 할머니와 자고 가기로 한 아이가 한 밤중에 깨어 울고 있다. 왜냐고 했더니 엄마가 없다는 것이다. 엄마는 집에서 자고 있으니 너도 잘 자고 엄마한테 가자고 해도 서럽게서럽게 울기만 한다. 그 바람에 작은아이까지 깨버렸다. 왜 갑자기 엄마가 보고 싶어 진 거냐고 했더니 꿈을 꾸었단다. 그런데 엄마가 꿈속에서 저를 놔두고 혼자 어디론가 가버렸단다. 이제 40개월 된 아이가 꿈속에서 엄마가 저를 놔두고 혼자 가버렸다고 우는데 어찌나 슬피 우는지 나도 눈물이 나올 것만 같았다.

아이를 가슴에 안고 그의 볼에 내 볼을 갖다 대고 "아니야. 엄만 하를 두고 어디도 가지 않아. 지금 엄마도 콜콜 자고 있을 텐데?" 하며 달래니 그제야 안정이 되는 모양이다.

그렇고 보니 자기 전 갑자기 25년 전의 선배 아들 슬픈 눈이 생각났던 것도 이유가 있었다. 낮에 가슴 아픈 소식을 들었었다.

내가 잘 아는 젊은이인데 일찍 어머니를 여의고 20년을 아버지와만 살았는데 뒤늦게 아버지 혼자 사시게 한 것이 불효라 생각이 들어 강권하여 새어머니를 맞아들였었다. 그렇게 5년여를 재미있게 살았는데 지난 달 건강검진에서 그 새어머니가 폐암 말기 진단을 받았다는 것이다. 결혼식 날짜까지 잡아 놓았는데 이런 일이 생겼으니 그의 마음이 어떻겠는가. 나도 어떤 말로도 위로가 되어줄 것 같지 않아 그저 그를 안고 등을 토닥이는 정도밖에 해 줄 게 없었다.

아버지가 너무 안타깝고, 어머니 없이 살아온 오랜 세월동안 그리움에 사무치다가 겨우 새어머니에게 정도 붙어 결혼하면 모두 모시고 살 생각이었다는데 이리 되었다고 안타까워했다.

그와 헤어져 다른 일을 하다 보니 그 일도 잊었는데 갑자기 아주 오래전 선배 아들의 그 슬픈 눈을 생각나게 했던 것이다. 그러고 보면 사람이란 아무리 슬픈 일이라도 그때만 지나면 잊고 살게 되어있나 보다. 조금 전의 그토록 안타까워했던 일까지도 내 일을 하다 보니 까맣게 잊어버렸던 것이다. 사람이란 얼마나 간사하고 이기적인 동물인가. 하지만 그런 일련의 일들은 분명 내게 어떤 영감처럼 새로운 생각의 고삐를 쥐게 했다.

진실이나 순수함이란 말이 좀처럼 실감나게 느껴지지 않는 요즘이라서인지 눈물마저도 진실이거나 순수함으로 보이지 않을 때가 많다. 하지만 손녀의 눈물에서, 낮에 만났던 젊은 이의 눈물에서, 그 옛날 정신과병동에서 만났던 선배 아들의 눈망울에서 보이던 슬픔의 색깔만큼은 같은 색으로 아침이슬보다도 더 맑고 순수하다는 생각이다.

요즘 사람들의 슬픔은 하나같이 억울하고 분하고 속상하고 샘이 나서 자신을 억제하지 못할 때 보이지 않던가. 그런 사람들 슬픔의 색깔은 결코 그렇게 맑진 않을 것 같다. 그런 그들의 눈물을 받아 성분을 분석해 본다 해도 내가 보았던 그런 눈물과는 분명 다를 것이다.

난 슬픔의 색깔을 하얀색으로 생각했던 때가 있었다. 그래서 세상을 떠나신 분 앞에서 소복을 하고 슬픔에 잠겨있는 모습을 보며 그걸 슬픔의 색깔로 보고 참 아름답다는 생각을 하곤 했었다. 하지만 몇몇에게 슬픔의 색깔을 물었더니 회색이라고도 하고 빨강이라고도 했다. 슬픔은 밝음보단 어둠 쪽에 가까우니 회색이고 사랑을 잃으면 슬퍼지니 슬픔색도 빨강색일 거라 했다. 슬픔의 색도 상황에 따라 다르게 인식되는 걸까. 그러나 힘들게 살아온 날들이 어둡고 칙칙하게만 느껴지지 않는 것은 그 속에 늘 희망의 밝은 빛이 스며들고 있어서일 것 같다. 그렇다면 슬픔의 색깔도 어두운 색만은 아닐 것 같다. 찬란한 슬픔이라는 말도 있듯이 맑고 아름다운 슬픔도 있지 않을까. 그리움 안타까움 가득한 이루어질 수 없는 사랑의 마음처럼 세상엔 맑고 영롱한 슬픔도 있을 것이기 때문이다.

아주 작은 감동스러움에도 곧잘 눈물을 흘리고 마는 내 마음도 그런 순수하고 맑은 슬픔 같은 것일지도 모른다. 감동할 일이 별로 없는 요즘도 슬픈 현실이다. 그러나 크고 화려한 것들 속에서 보이지도 않게 삶을 이어가고 있는 많은 우리 이웃들의 눈과 가슴에 차있는 슬픔의 색깔들은 이슬같이 투명할 것 같다.

세상엔 기쁨이 더 많을까 슬픔이 많을까. 단연 기쁨이 많기에 살아가는 것이겠지만 슬픔을 먹고 살아가는 많은 우리 이웃들도 있다. 그들의 색깔은 희망의 초록색이고 맑은 은색쯤 될까.

『에세이문학』 2012년 가을호

어떤 서정抒情

아내의 방에서 밖을 본다. 몇 해 전 아내를 위해 만들어 준 장독대가 보이는 방이다. 작은 창문은 뜯어내고 벽을 헐어 큰 문으로 내니 장독대가 고스란히 눈에 들어왔다. 크고 작은 독들이 제각기 키와 몸매를 자랑하며 정연하게 놓여있다. 장모님의 시어머니가 쓰셨다는 100년 넘은 항아리도 있고, 내 백모님이 아파트로 이사할 때 아내가 여기 갖다 놓은 것도 있다. 그것도 족히 80년은 넘었을 것이다. 그러고 보니 내 나이 비슷한 것들도 여럿 있겠다. 요즘은 내가 이 방을 더 좋아하는데 그것은 저들 하나하나가 나를 볼 때마다 말을 걸어 오기 때문이다.

햇살이 눈부신 날엔 더 신이 나서 얘길 하고, 비라도 내리는 날에는 떨어지는 빗소리에 장단을 맞춰 얘길 한다. 어떤 날은 내게만 다소곳이 얘기하지만 바람이 불거나 하는 날엔 나 보다도 옆에서 소란거리는 시누대 잎과 장난이라도 치는지 무언지 모를 말들을 더 열심히 하곤 한다. 그런데 오늘같이 머리에 아침햇살을 받으면서는 그저 환하게 웃기만 한다. 아마 그 환한 웃음으로 더 많은 얘기를 하는 것 같은데 다 알아들을 수가 없으니 답답하다. 저마다 뚜껑 머리 가득 햇살을 이고 있는 장독대의 항아리들, 순간 어린 날 하얀 앞치마를 하고 정갈하게 쪽 찐 머리로 장독대에서 항아리 뚜껑을 열던 할머니 모습이 눈앞에 나타난다. 60년도 넘어버린 세월인데 어쩜 그때의 장독대며 햇살이며 바람결까지 선히 보이고 느껴지는 것일까. 지금은 다 없어져 버렸으련만 장독에서 작은 표주박으로 간장을 뜨고, 된장독에서 고추 몇 개를 꺼내시는 할머니 뒤에서 살며시 엉거주춤 내다보고 있는 내 모습까지 보인다.

지금 생각하니 장독대는 할머니만의 공간일 수 있었겠다. 장독대는 남정네들이 접근 못 하는 금남의 지역이다. 해서 그곳은 때로 비밀스러운 공간이 되었지 싶다. 어린 날의 내 기억에도 어디에 쓰려고 모으는지 모르겠지만 작은 옹기에 돈을 넣어두는 것을 보기도 했었으니 말하자면 할머니의 비자금 금고이기도 한 셈이다. 그런가 하면 속이 상하거나 마음이 답답할 땐 항아리 사이에 기대어 앉아 하늘을 보거나 들어주는 이 없는 말로 장독대에 하소연을 하기도 했고 더러는 소리죽여 울기도 했을 것이다. 멀리 떠나간 가족들을 향한 그리움을 기도로 손을 모으기도 했고, 이른 새벽 정화수 떠 놓고 가족들을 위해 정성스러운 기도도 했을 것이다. 그리고 보면 장독대는 한국 여인의 삶 속에 가장 가깝고 깊게 들어와 있는 정서일 것 같다.

나는 지금도 장독대에 서 계신 할머니 모습이 눈에 선하다. 그리고 보니 장독대에선 마치 세월이 거기서 들고 나는 것 같기도 하다.

어느 해였던가. 아이들과 놀다가 숨는다는 것이 장독대였다. 한데 하필 나를 찾는 아이가 장독대까지 왔는데 막대로 항아리들을 장난삼아 두들기고 다니다 어떻게 잘못 두들겼는지 항아리에서 쫙 금이 가는 소리가 났다. 하필 내가 숨은 옆이어서 놀라 일어서 얼음이 되어있는데 항아리가 아주 갈라지진 않고 금 간 사이에서 간장이 가는 실낱처럼 스며 나왔다. 마침 할머니가 장독대로 오시다 그걸 보게 되셨고 급한 대로 항아리를 동여매고는 밀가루를 반죽하여 깨진 부분에 바르고 헝겊으로 그곳을 묶는 임시처방을 한 다음 다른 항아리로 옮기는 작업을 했다. 간장 된장은 한 해만 쓰는 게 아니다. 몇 해의 반찬 밑천인 셈이다. 한데 그렇게 일을 벌였으니 혼날 일이 걱정이었다. 종아리가 불이 날 것이다. 한데 할머니는 더 이상 아무 말씀이 없으셨다. 나는 더 불안했다. 며칠 후 할머니는 사람을 불러다 금 간 곳을 때우셨다. 할머니께서 가장 아끼는 독이었다고 한다. 간장이나 된장독으로는 쓸 수 없게 되어 마른 곡식이나 넣어두는 걸로 쓰고자 하셨던 것 같다. 아끼는 독을 못 쓰게 만들어놓았으니 할머니의 마음이 오죽했겠는가마는 아무 말씀 안 하시는 것으로 내겐 더 큰 호통을 치신 것이었다.

수년이 흐른 여름방학 때 서울에서 내려갔더니 그 독에서 못 먹게 된 홍시紅枾 하나를 꺼내오셨다. 커다란 장도감 홍시였는데 어찌나 잘 생기고 먹음직스러웠던지 그걸 내가 방학 때 내려오면 주겠다고 쌀독에 넣어 두셨단다. 한데 하필 그 해엔 내려가지 못하고 다음 해에야 내려간 것이었다. 먹을 수도 없게 된 홍시 감, 쉰내가 코를 찔렀지만 형체는 그대로였다. 할머니 사랑의 모습 같았다.

　장독대를 보니 잊고 있던 사랑들이 소록소록 살아난다. 내 어린 날의 서정엔 할머니와 막내 이모가 전부이다시피 했다. 거기에 장독대가 큰 몫을 했다. 장독대를 보니 오로지 할머니와 이모만이 내 세계였던 그때가 오늘따라 새삼 그립다. 소복이 눈 쌓인 장독대를 핸드폰에 담는다. 사진을 찍는 소리가 마치 할머니가 장독 뚜껑을 여는 소리 같다.

『계간수필』 2023년 여름호

서로 기대어

 아파트 위의 하늘이 참으로 곱다. 저 옅은 푸른빛은 아무리 보아도 질릴 것 같지 않다. 그런데 솜털 같은 아기 구름 몇 장이 장난스럽게 지나는가 했더니 쌍봉산 모양의 큰 구름이 그 뒤를 쫓고 있다. 엄마 아빠 앞에서 세상에 무서울 것 없다며 까불대며 앞장서 가는 아이들 같다.
 문득 세상살이 모두가 저런 서로 기댐 속에 사는 것이 아닐까 싶다. 그리고 보니 아파트들도 서로 기대고 있다. 만일 뾰족탑처럼 저 혼자만 덜렁 서 있다면 얼마나 볼품없고 그 껑충한 것은 또 얼마나 불안해 보일까. 적당한 거리에서 서로의 힘이 되어주고 의지가 되어 조화를 이루고 있음이 아닌가.

매 주일이면 아들네와 딸네 아이들이 교회로 모인다. 딸네 셋, 아들네 둘. 다섯 손녀와 우리 부부까지 합해 열 한 식구가 교회 애찬실에서 점심을 먹고 있으면 보는 이마다 한마디씩 한다. 그게 그렇게 부러운가 보다. 그 부러움 속엔 수많은 이유들이 있을 것이다. 아직 우리 아이들 나이가 되었어도 결혼을 못 한 자식을 둔 부모 마음이 있고, 결혼은 했는데도 아직 아이가 없어 걱정하는 부모 마음이 있고, 멀리 떨어져 있어서 이렇게 모일 수 없음이 부럽고 안타까운 마음도 있을 것이다.

아이들은 그냥 꽃이다. 있는 것 자체로 향기롭고 보면 볼수록 예쁘고 사랑스럽다. 하나만 낳아 키우겠다던 젊은이들이 하나 더 낳고 그러다가 또 하나 더 낳는 세 아이의 젊은 부모들이 많아진 것만 봐도 증명이 된다. 다들 가꾸기는 힘들어도 보면 행복해지는 꽃을 보는 마음이리라. 내 손녀들도 일주일에 한 번 할아버지 할머니를 만나는 것이 마냥 즐겁고 행복한가 보다. 그렇게 함께 식사를 한 후 가까이 있는 우리 집으로 간다. 걸어서 갈 수 있는 거리다. 걸어갈 수 있는 세 아이들과 아파트 단지의 조경이 잘 되어 나와 아내가 예쁜 길이란 이름으로 부르는 길로 걸어서 간다. 물이 흐르는 작은 시내가 있고 나무로 된 이쁜 다리도 있다. 양쪽으로 우거진 나무 터널을 통과하며 구부러져 난 길은 시골길을 가는 것 같다. 아이들은 꽃과 나무들을 마음껏 만져 보며 해찰할 것 다 하면서 앞서거니 뒤서거니 하며 즐긴다. 하나가 아닌 셋의 동행이 또한 즐거움이다.

나는 태어나는 순간부터 외톨이로 자랐다. 초등학교에 다닐 때는 형제 있는 아이들이 그렇게 부러웠다. 든든한 형이 하나 있었음 싶었는데 어느 순간부턴 누나가 하나 있었으면 좋겠다 싶었다. 형이 있는 친구, 누나가 있는 친구가 한없이 부러웠다.

나는 남매를 키웠다. 딸과 아들의 나이 차가 좀 나서 아들은 제 누나의 보살핌을 받으며 자랐다. 아마 딸아이도 동생이 있는 것이 좋았을 것이다.

집에는 앙증맞은 두 개의 화분이 있다. '호야'와 '홀리오'라는 식물이 심겨 있다. 얼마 전 딸아이가 40주년 결혼기념일을 축하한다며 사다 준 것인데 특별히 손이 많이 가지 않아도 잘 자라는 식물이란다. 내 화분의 식물이 '호야'고, 아내 화분의 식물이 '홀리오'인데 서 있는 몸 옆구리에 화분을 달고 있는 것을 같이 세워놓으면 0110 모양이 된다. 서로 기대어 세워야 모양도 분위기도 산다. 아마도 하나만 덜렁 세워놓는다면 보기에도 불안할 것이고 자칫하면 넘어질 염려도 있다. 그런데 둘을 같이 세워놓으니 붙어있는 것처럼 안정감이 있고 든든해 보인다. 딸아이도 아빠 엄마가 그런 의지함으로 기대어 살길 바란 모양이다.

어린 날 할아버지를 마중 나간 밤길에서 할머니와 나는 등불 하나를 의지하고 어둠 속에 서 있곤 했었다. 전화 같은 것도 없던 시절이라 어디쯤 오고 있는지 언제 올지도 모를 일인데 그저 이맘쯤이면 오실 거라는 어림짐작의 막연한 기대만으로 기다리곤 했다. 그런데 그런 어림짐작이 곧잘 맞았다. 저만치서 인기척이 나는 것 같으면 할머니는 등을 높이 들어 사람이 있다고 알리셨고 나는 "할아버지!" 하고 소리높여 불렀다. 그러면 저편에서 "오냐!" 하는 대답이 왔고 우린 등불을 든 채 할아버지가 오시는 길로 더 마중을 나가 같이 돌아오곤 했다.

칠흑같이 어두운 밤길을 할아버지도 가늠으로 길을 오셨을 것이다. 그러나 조금만 더 가면 집이 있고 가족들이 어쩌면 마중을 나와 있을 것이라는 기대는 한결 발걸음을 가볍게 해 드렸을 것이다.

언젠가 아내가 했던 말이 생각난다. 친구 남편이 수년을 식물인간으로 집에 누워있다가 세상을 떠났다고 한다. 사람이 들고나는 것도 알지 못하고 사람이 있다는 기척도 할 수 없는, 살아있다 할 수도 없는 상태로 있었는데 장례를 치르고 집에 들어오니 집에 아무도 없다는 두려움에 무서움이 몰려들더란다. 결국 더 작은 집으로 이사를 했는데 산다는 것은 이렇게 알게 모르게 서로 의지가 되어주고 있는 거였다.

아침 신문에서 읽었던 이혜선 시인의 시가 가슴에 와닿았다.

고속도로 달리다가/ 나무에 기대고 있는 산을 보았다/ 허공에 기대고 있는 나무를 보았다// 배를 타고/ 청산도 가는 길에/ 물방울에 기대는 물을 보았다/ 갈매기 날개에 기대는 하늘을 보았다// 흙은 씨앗에 기대어 피어나고/ 엄마 젖가슴은 아기에 기대어 자라난다.// 하루해가 기우는 시간/ 들녘 잡초들이 서로 어깨 기대는 것을 보았다// 그 어깨 위에 하루살이들 내려앉아/ 깊은 잠 들고 있었다(이혜선(1950-)의 「불이(不二), 서로 기대어」)

허공에 기대고 있는 나무, 물방울에 기대는 물, 갈매기 날개에 기대는 하늘, 그런가 하면 흙은 씨앗에 기대고 엄마 젖

가슴은 아기에 기대고 잡초들이 서로의 어깨에 기대는 그 어깨 위에 하루살이가 내려앉아 잠드는 삶의 세계, 기댄다는 것은 믿는다는 것이 아니겠는가. 그러고 보니 작은 것이 큰 것에 기대는 것 같았는데 오히려 큰 것들이 작은 것에 기대고 있지 않은가. 그러니 아이들이 내게 기대는 게 아니라 내가 아이들에게 기대고 있음이렷다. 나도 아내에게 기대고 아들딸들에게 기대고 손녀들에게도 기대고, 그렇게 사는 모든 것이 기대는 것이었다. 아 맞다. 오늘도 나는 하루라는 시간에 기대고 살지 않는가. 살아온 날도 살아갈 날도 나는 누구에겐가 기대고 살았고 기대며 살 것이며 그런 나 또한 누군가의 기댈 상대가 되었을 것이고 앞으로도 될 것 아닌가. 그렇다면 내게 기대는 대상은 누구일까. 어느 누구이건 간에 내게 기대는 대상에겐 확실히 해 주어야 할 텐데 그 몫은 제대로 했는지, 하고는 있는지 모르겠다.

가을 햇볕이 참으로 밝다. 난 또 저 햇빛에 기대어 오늘을 살 것이다.

계간 『문장』 2015년 겨울호 〈수필의 향기〉

같이 산다는 것

 누군가가 그물에 걸린 바람처럼 살라고 했다. 바람이 어찌 그물에 걸릴 수나 있겠는가마는 그물을 빠져나가는 바람처럼 거침없이 살라는 것일 게다. 있어도 없는 듯, 없어도 있는 듯, 하지만 걸리는 것이 없다고 그물이 없는 것이 아니고 걸리지 않았다고 바람이 지나지 않은 것은 아니잖은가.

 나이가 들면서 원하지 않아도 같이 살아야 할 게 많아진다. 같이 살지 않겠다고 밀어낼 수도 없는 것은 밀어낸다고 그들이 그냥 가 주질 않기 때문이다. 먹는 것 입는 것 쓰는 것도 전과 달라지고 움직임은 굼떠지고 부자연스럽기 그지없다. 눈이 침침해져 안경과 같이 살아야 하고 이곳저곳 안 좋다는 곳도 늘어나 거기 맞춰 먹는 약의 수가 늘어간다. 자식들은 다 컸다고 떠나고 그들이 떠난 자리는 빈자리가 되더니 어둔 밤처럼 외로움이 그리움이 안타까움이 들어와 산다. 그들은 내가 부르기라도 한 것처럼 눈치조차 안 보고 들어와 저희 살 자리라며 당당하게 퍼버린다.

  박경리 선생은 체하면 바늘로 손톱 밑 찔러서 피 내고/ 감기 들면 바쁜 듯이 뜰 안을 왔다 갔다/ 상처 나면 소독하고 밴드 하나 붙이고/ 정말 병원에는 가기 싫었다/ 약도 죽어라고 안 먹었다/ 인명재천 나를 달래는데/ 그보다 생광스런 말이 또 있었을까/ 팔십이 가까워지고 어느 날부터/ 아침마다 나는 혈압약을 꼬박꼬박 먹게 되었다./ 어쩐지 민망하고 부끄러웠다./ 「산다는 것」 중라며 혈압약 챙겨 먹는 것도 부끄러워하셨다. 더 살아보겠다고 아등바등하는 것처럼 보일까 봐서였을 것이다.

  하지만 민망하고 부끄러운 일이 어찌 아침마다 혈압약 꼬박꼬박 챙겨먹는 것뿐이겠는가. 오늘과 내일 할 일 그리고 며칠 후에 할 일을 핸드폰 달력에 빼곡히 입력해 놓고 틈만 나면 보고 확인한다. 혹여 놓친 것 없는가, 지나버린 것 없는가, 다가올 미리 준비할 것 없는가 챙기느라 바쁘다. 그걸 또 눈에 잘 띄게 탁상 달력에 큼지막하게 써놓고 그것도 모자라 색깔 스티커를 붙여 눈에 잘 띄게 한다. 그러고도 불안해 주머니 수첩 스케줄에도 적어놓는 이런 난리스런 비경제적 챙김이 혈압약 챙겨 먹는 것보다 몇 배나 더 민망하고 부끄러운 일 아닌가. 그렇게 하는데도 놓치고 실수하는 걸 또 어떡하는가.

사실 아침저녁으로 챙겨 먹는 약이 한 주먹씩인데 문제는 그걸 먹었는지 안 먹었는지 헷갈릴 때도 있는 황당함이다. 먹은 것 같기도 하고 안 먹은 것 같기도 하고, 해서 아내에게 나 약 먹었을까 물으면 자기 약 먹은 걸 내가 어떻게 아느냐고 핀잔만 받으니 참 내 세상이 언제부터 이리 되어버렸는지 모르겠다. 해서 얼마 전엔 보건소로 치매 검사를 받으러 갔다. 한데 그건 또 무슨 짓인가. 언젠가도 한 번 해본 경험이 있는지라 문장 하나를 기억하란 말에 온 신경이 곤두섰다. 잊으면 모르는 것으로 검사가 되어야 하는데 그걸 기억하려고 온 신경이 거기 쏠리니 그게 기억되지 않고 배기겠는가. 그러니 정상일 수밖에. 참 알다가도 모를 일이다. 그러려면 검사는 왜 받으러 가나. 한데 생각해 보니 그런 것도 이 나이엔 같이 산다는 것일 것 같다. 내 부끄러움이 될 수도 있는 것들을 감춘다고 해도 감춰지지 않는 것, 내 약한 부분을 아니라고 해도 아닐 수 없는 것, 하고 있는 것을 안 한다고 할 수 없는 것, 못하는 것을 한다고 할 수 없는 것, 없는 것을 있다 하고 있는 것을 없다 못하는 것, 그것이 요즘 내가 같이 사는 것들이란 생각이 들기 때문이다. 맞다. 체하면 바늘로 손톱 밑 찔러서 피 내고, 상처 나면 소독하고 밴드 하나 붙이면 될 때도 있었는데 이젠 그럴 수가 없다. 면역력이 떨어져 자칫하면 탈이 나고 괜찮을 줄 알았는데 그만 성이 나서 크게 일을 불려낸다.

얼마 전에도 신발 때문인지 발가락에 물집이 생겼길래 바늘로 터트리고 소독을 하고 약을 발랐다. 그런데 그게 탈이 나서 결국 병원엘 갔고 일주일 분의 약에 3일 후 다시 병원에 오라 했다. 한참을 그것 때문에 신도 잘못 신고 애를 먹었다.

밤새 잘 잤으니 아침에 일어나면 몸도 편하고 정신도 맑아야 할 텐데 오히려 허리도 다리도 아파 제대로 펴지 못할 때도 있다. 허리에 보조벨트를 하고 세라젬으로 마사지도 하고 얼마큼 적응을 시켜야 비로소 허리를 제대로 펼 수 있다. 겉은 아직 멀쩡해 보인다는데 속은 이러니 창피하기 이를 데

없다. 아프지 않은, 아파보지 않은 아내는 그런 나를 전혀 이해 못 한다. 건강 면에서는 그와 난 화성 사람 금성 사람이다. 하지만 그런 그와 내가 50년이나 함께 살아왔다. 이쯤이면 알 것 모를 것 서로 없는 사이일 것 같은데 여전히 모르는 것 천지고 그러니 이해도 포용도 서로가 어렵다. 그것조차 이젠 같이 산다는 것으로 받아들인다. 젊은이들이 이혼하는 사유가 성격 차이란 말을 해서 의아해했는데 50년을 같이 살아도 성격은 바뀌지 않는 걸 보면 역시 요즘 젊은이들은 실리적으로 판단하는 실속있게 지혜로운 것 같다. 그러나 50년이나 그렇게 살아온 우리는 새삼 더 나빠질 것이 있겠느냐며 이해 아닌 포기로 사니 이 또한 함께 사는 것 아니고 무엇이랴.

하지만 그것도 정이라면 어쩌겠는가. 운명이니 숙명이니 하지 않더라도 그렇게 살아가는 것 또한 남은 생을 사는 방법이지 않을까. 다 좋아서만 같이 사는 것은 아닐 것이다. 내가 싫은 것만큼 상대도 싫은 것이 분명 있을 텐데 내 것만 고집하다 보면 서로 막힌 담을 헐 수가 없을 뿐이지 않겠는가. 서운한 것 불편한 것 못마땅한 것도 사람이기에 있는 감정이 아닌가. 투닥투닥 싸우다가 토닥토닥 다독이기도 하는 삶, 그 모두가 사람 사는 세상에서 같이 살아가는 방법일 것만 같다. 같이 산다는 것은 좋은 것만이 아니라 나쁜 것 싫은 것까지도 함께한다는 말일 테고 지금에는 그렇게 살아야 하는 것이 진리요 진실일 수도 있지 않을까. 함께 산다는 것은 그냥 운명공동체라는 말 아니겠는가. 하지만 그것들마저 어느 날 갑자기 다 떠나버릴지도 모른다. 하고싶은 것도 할 것도 없어져 버린다면 그때 그것은 사는 것도 아니지 않을까.

식구들이 다 잠들고/ 통행금지 싸이렌도 울린 지 한참이나 지나고서야/ 부엌에서 쓸까? 거실에서 쓸까?/ 원고지를 싸 들고/ 내 방(房) 하나 소원했는데/ 통금도 없어지고/ 잠들어 줄 식구들이 다 떠나가고/ 집 한 채가 통째 내 방이라니/ 내 소원이 이런 천벌(天罰)이 되고 말다니요. (유안진 「내 방 하나」)

맞다. 약을 먹는 것도, 운동을 하는 것도, 잊었다고 안타까워하고 그러지 않으려 애를 써보는 것조차도 어느 날엔 갑자기 천벌天罰이 될 수도 있다는 생각에 그저 지금 이대로가 그나마 가장 좋은 때 행복한 때라는 생각을 해본다. 그러니 하늘도 맑고 바람도 시원하고 햇볕도 따스한 이 하루 또한 그 모든 것들이 나와 함께 사는 운명공동체인 것을 어찌 감사하지 않을 수 있겠는가. 함께 그리고 같이 산다는 것의 아름다움과 행복으로.

『수필과비평』 2024년 11월호

우리 시대의 시작인가 끝인가

―2020년 호모사피엔스

2020년이다. 공상과학소설이나 만화에서 미래 시대로 얘기했던 그 2020년이 바로 지금이다. 그 당시 상상하고 내다봤던 많은 것들이 많이 실현되었다. 미래는 우리의 꿈이고 소망이고 목표다. 하지만 요즘 들어 두렵다는 생각이 먼저 드는 것은 왜일까. 인공지능과 이세돌의 바둑 대결을 보면서 얼마나 놀랐던가. 이러다가 인간이 인공지능의 지배를 당하는 것은 아닐까도 우려되었다.

토비 월시의 『2062년 호모사피엔스 멸종』이라는 책을 읽었다. 2062년이면 42년 후다. 미래 시대로 얘기했던 2020년이 이렇게 다가와 버린 것처럼 2062년도 그렇게 올 것이다. 그

때쯤엔 나는 이 세상에 존재하지도 않을 것이다. 미래학자와 AI 인공지능 전문가 300명이 기계가 지능을 갖는 시한을 2062년이라 보았다. 인공지능이 언제부터 스스로 생각하게 될까에 의문을 갖는 것으로 출발하여 철학적 문학적 감성적인 부분까지 기계가 사람처럼 따라 한다면 세상은 어떻게 될 것인가 심히 두려워진다.

AI가 소설을 써서 당선한 것이 수년 전이고 인간이 AI와 사랑에 빠진다는 영화도 있다. AI는 학습에 의해서 능력을 무한대로 증가시킬 수 있다. 게임의 법칙을 경우의 수를 학습한 것만으로 인간이 수천 년 바둑만으로 살아도 이루지 못할 일을 며칠 만에 실현할 수 있다면 인간이 만들었으면서도 인간에게 얼마나 두렵고 불안한 상대인가. 거기에 스스로 학습 능력을 갖춘다면 인간의 지능을 뛰어넘는 것은 시간문제가 아닐까.

자율주행 차 경쟁 시대에도 이미 접어들었다. 하지만 예상치 못한 상황이나 환경에서도 인간처럼 판단하고 적응력을 발휘할 수 있을까. 두 가지 이상의 상황이 동시에 일어날 때 AI는 어떻게 판단하고 어떤 것을 선택할까. 안면인식 기능을 사용하는 중국의 안전망 시스템에 대하여 개개인의 프라이버

시는 어떻게 되는가. 인간이 중시하는 도덕성도 AI에게 적용이 가능할까.

금년은 여러 가지로 특별한 해인 것 같다. 윤달이 들어있어서 음력으로는 올 1년이 385일이 된다. 윤년이어서 365일이 아니라 366일이다. 2020이라는 숫자의 배열도 두 개의 바퀴가 겹으로 놓인 것처럼 안정적이다. 균형 화합 평화 공존의 올 한 해가 되었으면 싶다. 문제는 너무나도 빠르게 변화하는 속도감을 감당키가 어려울 수도 있음이다.

미래학자 토머스 프레이는 AI 시대엔 정규직은 사라지고 파트타임 '긱 이코노미'가 보편화될 것이며 AI·센서·사물인터넷·드론 등이 융합한 새로운 유형의 플랫폼 기업이 등장할 것이라고 한다. 뿐 아니라 암호 화폐는 금융시스템 범주 밖 사람들의 금융 수요를 충족시켜 국가 간 장벽을 넘는 사상 최초의 세계화폐가 될 것이며, 사물인터넷IoT은 사람의 건강과 체력과 사고력을 100% 이상 향상 시키거나 동·식물과도 소통할 수 있는 보조 장치가 개발될 것이라고 한다. 뿐인가. 3D 프린팅으로 장기 등 신체 일부를 대체할 수 있고 지구와 가까운 소행성에서 경제적 가치가 있는 희귀자원을 채취하는 기술도 등장할 수 있다고 한다. 2045년이면 AI가 인간지능을 뛰어넘을 수 있고 태양광 드론이 등장하면 지구촌 통신 서비스를 한 단계 높일 수 있을 뿐 아니라 고성능 마이크로웨이브를 발사해 드론·로켓·비행기 등에도 에너지를 공급할 수 있단다. 그러니 자율주행 차를 타고 햄버거를 주문하면 실시간으로 드론이 배송까지 해 줄 수 있다는 것이다.

그런데도 자꾸만 불안한 마음이 드는 것은 왜일까. 웬만하면 열 명이 넘는 형제자매가 있던 내 어린 시절엔 모든 게 다 지극히 인간적이었다. 중심은 '내'가 아니라 늘 '우리'였다. 해서 배려와 협력이 우선이었다. 위의 누나나 형이 아래의 동생을 돌봐주고 길러주는 게 당연한 공식이었다. 부모의 손이 미칠 수 없어도 저희끼리 자라주었다. 그러면서도 나보다는 내 동생 내 오빠를 먼저 생각했다. 그런데 자녀의 수가 둘이나 하나가 되자 오직 '내 새끼'로 중심이 바뀌어버렸다. '우리'가 아닌 '내'의 이기주의가 다른 모든 것을 눌러버리고 있다. 2062년이 오기도 전에 호모사피엔스는 인간성 상실로 지레 자멸할지도 모르겠다. 그래도 2020년에 희망을 거는 것은 아직까지는 인간중심이 유지된다는 점이다. 인간·사람·삶 속에 서로를 사랑하고 이해하고 배려하는 존재라는 것이다.

내 아이가 예쁘면 당연 남의 아이도 예뻐야 한다. 내 아이가 귀하면 남의 아이도 귀해야 한다. 내 삶이 소중한 만큼 남의 삶도 똑같이 소중해야 한다. 그런데 나만 있고 남은 인정치 않는다면 세상은 어찌 될 것인가.

자칫 인공지능의 사람들 속에 섞여 있는 진짜 사람도 구분할 수 없게 되는 세상이 오는 것은 아닐까. 해서 더욱 지금이 이 시대가 이 해가 소중하다. 마지막 무언가를 지켜갈 수 있는 때란 생각이 들어서다. 지금만이 할 수 있는, 지금이 그 때인, 그래서 지금 하지 않으면 안 될 그 무엇들을 해야 한다는 말이다. 시간이 가면 원하든 원하지 않든 할 수 없는 때가 이를 것이고, 할 수도 없게 될 것이고, 하지 못하게도 될 것이라는 불안이다. 지금 이것이 시작일까, 끝일까.

『건강과생명』 2020년 3월호

최원현 수필집

얼마나 그리웠으면

2025년 7월 30일 초판 1쇄 발행

지은이 최원현 │ 펴낸이 김은영 │ 펴낸곳 북나비
출판신고 2007년 11월 29일 제380-2007-00056호
주소 04992 서울시 광진구 자양로9길 32 4층(자양동)
전화 (02)903-7404, 팩스 02-6280-7442
booknavi@hanmail.net
블로그 www.booknavi.co.kr

ⓒ 최원현 2025
ISBN 979-11-6011-160-6 03810

※ 이 책의 저작권은 저자에게 있으며 출판권은 북나비에 있습니다.
※ 이 책의 전부 또는 일부를 이용하시려면 저작권자와 북나비의 동의를 받아야 합니다.
※ 책값은 뒤표지에 있습니다. 잘못된 책은 바꾸어 드립니다.